瑞昇文化

作者介紹

本間琢也

出生於大阪府。於1957年修完京都大學研究院工學研究科碩士課程。進入經濟產業省電子技術綜合研究所之後，從事能源工學相關的研究。筑波大學名譽教授，1993年成為新能源、產業技術綜合開發機構（NEDO）的理事。有『燃料電池』（SoftBank Creative）等多本著作。

牛山 泉

1942年出生於長野市。1971年修完上智大學研究院理工學研究科博士課程，任職於足利工業大學。2008年開始擔任校長。專攻能量的轉換，致力於風力發電等研究。有『風車工学入門』（森北出版）、『風と風車のはなし』(成山堂書店)、『エネルギー工学』（オーム社）等許多著作。

梶川武信

出生於東京。1966年修完名古屋大學研究所工學研究科碩士課程。於經濟產業省電子技術綜合研究所〔現在的（獨立行政法人）產業技術綜合研究所〕工作26年、於湘南工科大學進行熱電發電等新型發電技術的研究16年。湘南工科大學名譽教授、工學博士、日本熱電學會會長。有『エネルギー工学入門』(裳華房)、『熱電学総論』(サイエンス&テクノロジー社)等著作。

前言

2011年3月11日，發生在日本東北地區的地震與海嘯所造成的災害，不光是讓福島第一核電廠停止運作，還造成放射性物質的擴散，對人們與土地帶來長期性的痛苦。這個結果使人們對於核能發電的信心大為動搖，也迫使日本政府那一直以加蓋核電廠、提高核電廠運作效率為主要地球暖化對策的基本能源政策，出現大幅度的轉換。在這樣的現況之中，如何引進太陽光電系統、風力發電、地熱、生物質等可再生能源，成為備受矚目的議題。

日本於2011年8月26日，「電力業者購買可再生能源相關特別處置法案」（Feed-In-Tarif：FIT法）在國會成立。這項法案規定電力業者必須在一定期間內，用國家所規定的價格來購買太陽光電、風力、地熱、中小型水力、生物質等5種可再生能源所生產出來的電力，於2012年7月1日開始實施。

引進可再生能源，推測將有以下三種利益。第1：二氧化碳排放量較少，有助於改善全球暖化的現象。第2：就原則上來說，可再生能源屬於當地生產當地消費，具有提高能源自給率的效果。第3：大量引進可再生能源，是架構智慧型電力系統的必經之路。就結果來看，不光是太陽能電池與風力發電機相關的製造產業，包含電力系統、能源、管理、設備、蓄電池、電動車等多元的相關產業，都必然性的能夠有所發展。

本書主旨在於用所有人都能理解的方式，說明太陽光電系統、風力發電、生物質、太陽熱能與地熱、海洋熱、廢熱的活用與重複利用，以及在大量引進太陽光電系統與風力發電時，所不可缺少的智慧型電力系統的系統技術與運作原理、特徵、問題點、將來的展望等等。讀完本書的您要是能對可再生能源有更進一步的認識，那將是我們最大的喜悅。

本間琢也、牛山 泉、梶川武信

「用再生能源打造非核家園！」目錄

登場人物介紹

基礎蛙蹦太君

本系列的主要角色。喜愛製造東西，對任何事物都感興趣。他希望自己有一天能夠製造出劃時代的產品。

帶路人

晴天娃小風／晴天娃小光

可再生能源不能沒有天氣，於是自告奮勇出來擔任導覽。活動的能量得靠頭上的裝置來生產，隨著天氣變化心情也有高有低，讓人有點擔心。

思考新型電源的最佳組合

在核電廠所造成的災害影響之下，人們再一次的尋求最為理想的電源結構（Best-Mix），
把期望的焦點放到可再生能源上。
本章將探討其主要源頭之太陽能的真實面貌。

能源必須具備的基本條件
穩定供給、對環境無害、價格低廉

在2011年3月11日所發生的東日本大震災之中，影響最為深刻的莫過於福島第一核電廠所造成的核災事故。事發不久日本政府立即考慮到供電量不足的可能性，實施了**計劃性停電**。美國與中國等先進國家在2000年之後雖然也都實施過計劃性停電，但是對日本來說，這是二次世界大戰後某特定時期以來，首次經歷的廣範圍停電。緊急性的電力不足迫在眉睫，短期性對策是無可避免的課題，日本政府首先請需要用戶配合省電，再來則是引進自家發電來增加**分散型能源**的數量，並請供應一方（電力公司）增加火力發電與水力發電的運作數量，在多方配合之下好不容易渡過難關。

不過比此更為重大的問題在於，今後就算無法馬上將核電廠的發電量調整到零，也必須以降低核能電力為前提，來探討未來日本電源的理想形態，也就是找出「理想的能源組合（Best-Mix）」。

在選擇能源的種類時，必須遵守特定的條件與限制。這是國家在決定能源政策時，用來當作前提的基本條件，其內容可以整理成下3個項目。第1：能源必須可以穩定且永續性的供給，至少在未來一段時間內不會有間斷的可能性。第2：包含二氧化碳等會造成**地球暖化的氣體**在內，能源系統所排放的有害物質與氣體不可過多。第3：具有良好的經濟效益，也就是電費不可過高。一直到福島核電廠的意外性災害之前，核能發電被認為是最能滿足這3項要求的發電方式。日本政府也一直都以強化核能發電系統，來做為國家的能源政策。

- 東日本大震災改變人們對於能源的思考方式。
- 長期性的重要課題，在於思考新能源的理想組合。

圖1 主要能源與可再生能源的定位

		化石燃料		非化石燃料			
		不可重複使用的能源			可再生能源		
		普及階段				基於經濟效益尚未充分普及	
能源種類	實用化階段	石油	天然氣 煤炭	核能	大規模水力 地熱（傳統方式）	**（新能源）** 太陽光發電 風力發電 地熱（雙循環式） 生物質發電 小型水力發電 利用太陽熱 溫差能量 利用雪冰熱 利用生物質熱能 製造生物質燃料	廢棄物發電* 利用廢棄物熱能 製造廢棄物燃料
	研究開發階段					波力 海洋溫差 潮汐力 海流	

＊原料是用可再生能源來製造的場合，廢棄物發電等方式也區分為可再生能源。

參考：日本電機工業會（JEMA）網站、資源能量局

本書將會介紹可再生能源之中的太陽光發電、風力發電、地熱發電、生物質發電。

圖2 各種電源的發電設備容量與發電量（2010年度）

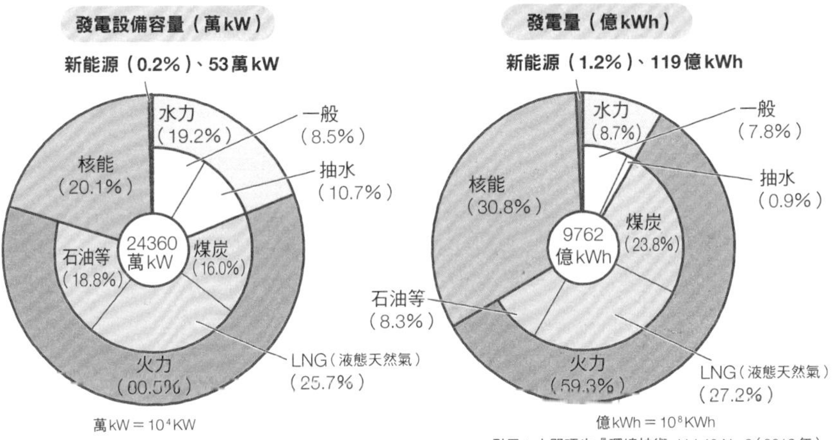

引用：本間琢也『環境技術』Vol.40 No.9（2010年）

火力發電與核能發電佔絕大部分。可再生能源之中的新能源，不論是設備容量還是發電量，幾乎都等於零。

取代核能發電的能量資源
可再生能源

在2010年6月日本政府所制定的能源基本計劃之中，預定會在2030年之前將核能發電（以下稱之為核電）在總發電量之中所佔的比率，從當時的3成左右增加到5成。具體的實施方法，是加蓋14座核電廠來與當下的54座（4885萬kW）配合，並將運作效率（在某段時間內運作時間所佔的比率）從當時的66%提高到90%。就核災發生之後的現在來看，加蓋核電廠已經不再是可行方案，政府當然也將基本計劃回歸白紙，以新的觀點重新計議。

加蓋核電廠的計劃中止，甚至不准其他停止運作的核電場重新啟動，光是要用火力發電來彌補這些不足的份量，在日本環境省的試算之下，二氧化碳排放量將比1990年度要增加10 %。這是因為就發電量與二氧化碳排放量的比例來看，火力發電為738g／kWh，核電則是只有20 g／kWh，兩者相差95%以上。而這也跟被列為世界各國共通課題的，減少地球暖化氣體排放量的政策背道而馳。

對此，日本政府意圖大量的引進太陽光、風力、地熱、水力、生物質等**可再生能源**。其絕大部分都是從太陽光發展出來的自然現象，遍佈於整個世界，被認為是**地產地消**（當地生產當地消費）的理想性能源形態。將這些可再生能源轉換成便於我們使用的能源形態，於這個過程之中，完全不會產生二氧化碳等地球暖化氣體。完美的達成（001）所提出的3項基本要件之中的第1與第2條。唯一剩下的條件為經濟效益，所以目前正傾注大量的研究資源來盡可能的降低成本。

●為了取代核能，可再生能源正受到多方的矚目。
●研發可再生能源的主要課題為低成本化。

圖1 可再生能源的發電成本

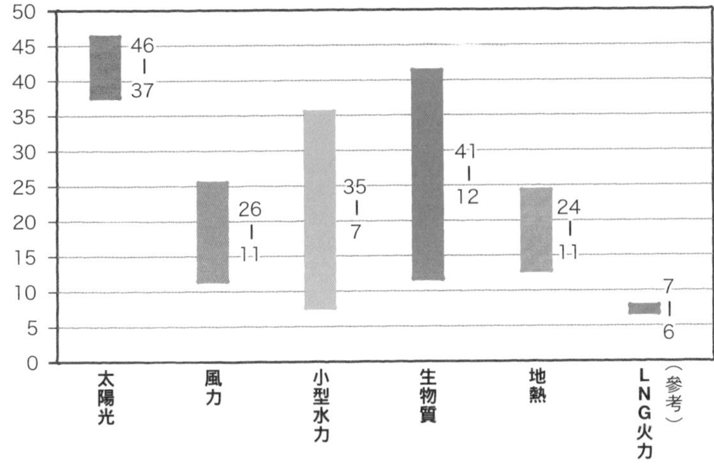

引用：日本經濟產業省資料「檢討可再生能源的全量購買制度」2010.3.24

不論是哪一種可再生能源，跟LNG火力發電相比成本都比較高。
如同（001）所提到的，經濟效益將是主要的問題。

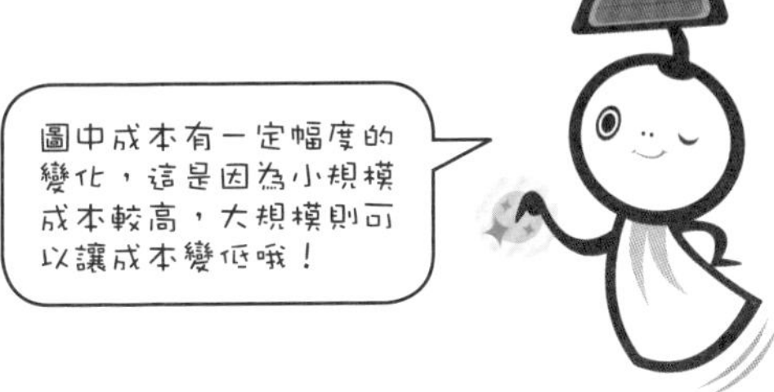

家庭用太陽光電系統的成本為19日元／ kWh

根據「日經Business Online Mail」(2012年1月4日)，到2010年為止，設置家庭用太陽光電系統的成本為60萬日元／kW，換算成發電成本則是40日元／kWh，但進入2011年之後突然出現降低的趨勢。造成這個現象的理由是，第1：中國、韓國、印度等國的廠商推出廉價的太陽能面板；第2：透過系統整合公司（System Integrator）來進行統一訂購，進而得到工程標準化與大量供應的優勢。目前最為廉價的實績為Fujikura(船橋市）與Eitai-Japan(鐮谷市）所發表的4kW規格，價格為29萬日元／kW(19日元／kWh)。以這個數字為基礎來計算，在標準家庭用的3.3kW的場合，裝設費用為96萬日元，此時年內發電量為3500kWh，假設其中40%為自家消費（節省24日元／kWh)、60%賣給電力公司（42日元／kWh的收入)，則每年會有大約12萬日元的收入，8年即可回收成本。

無法直接控制輸出變化的發電技術
電力的同時等量原則

可再生能源，雖然滿足能源政策上的基本要件，但是與人類長期下來使用習慣的石油、煤炭、天然氣等化石燃料相比，還是有它的缺點存在。首先是**能量密度**較低，但在太陽光與**風力發電**的場合，設置於屋頂或廢工廠、海洋等擁有廣大面積的場所，應該可以克服這個缺點。

另一個不可忽視的，則是某些可再生能源所利用的自然現象。自然現象常常會產生劇烈的變化，而這些變化都不是我們人類所能控制的。在**太陽光電系統**的場合，到了晚上將完全停止運作，就算是在白天，一旦遇到陰天或雨天也會使運作效率降低，或是讓供電量產生劇烈的變動。不過在以植物跟藻類為原料的**生物質**、以河川跟水的勢能為起點的**水力發電**、以地熱儲集層的熱水做為泉源的**地熱發電**、或是以儲存熱能為前提的**太陽熱能發電**等等，因為具備儲存能源的機制，所以可以控制輸出功率。而在太陽光電與風力發電的場合，則另外需要蓄電池等**儲蓄電力**的設備。

一般在家庭所設置的太陽光電系統，會與**電力系統**（Grid）配合使用。在這個場合，電力系統將負責彌補太陽光電池在輸出功率上的變化。那麼，在用太陽光電系統、風力發電設備來與電力系統配合時，為何非得控制電力的輸出不可呢？ 這是因為在電力的供給與需求之間，有同時等量的原則存在。就算是擁有大量的發電設施與變壓器，連結到許多需求用戶的龐大電力系統之中，這項原則依然不變。太陽光電系統的規模較小時，雖然不會形成太大的問題，一旦規模擴大到整個城市、都市，則會在電力系統的運用上造成不可忽視的問題。

- 太陽光電與風力發電會出現劇烈的變化，且無法由人類所控制。
- 電力系統有著同時等量的原則，供給與需求必須要取得均衡。

圖1 太陽光電系統的輸出變化案例

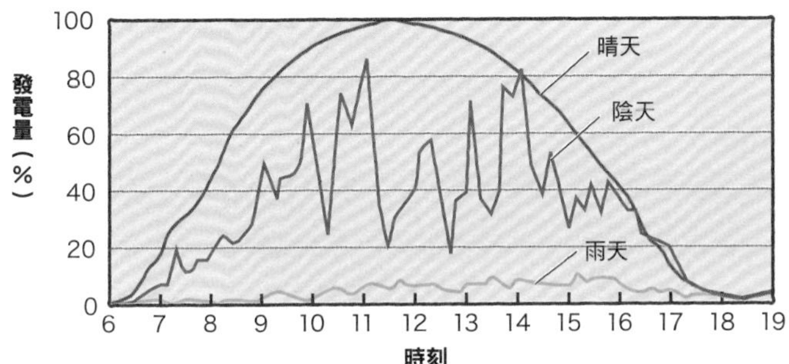

太陽光電系統的發電量會隨著時間與天氣而變化。陰天會受到雲的影響。不過在雨天也能得到些微的發電量。

圖2 風力發電的輸出變化案例（冬季）

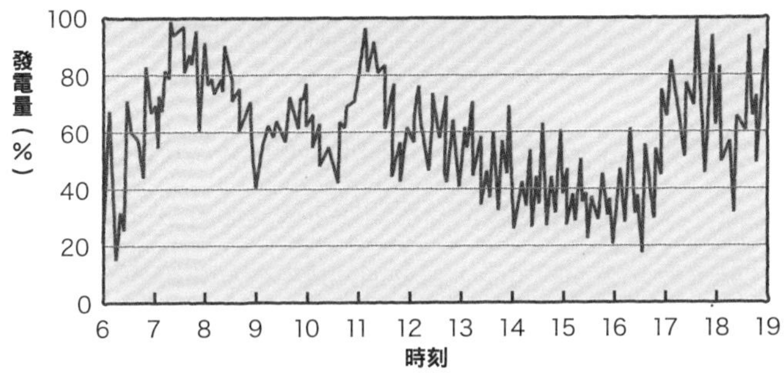

風力發電的發電量會隨著風的強度而變化。風的變化相當劇烈，發電量的輸出變化也大。若是在海上則變化的幅度較小。

不論是哪種自然現象，都會時時刻刻不斷的變化，這可是人類無法控制的哦！

用語解說

能量密度 → 比方說太陽光電系統的場合，是指單位面積所能得到的能量，生物質的場合則是指單位重量所儲蓄的能量。
電力系統（Grid） → 從發電廠將電力送到各需求戶的電力網，由複數的發電廠、變電廠、輸電線、配電線所構成的系統。
同時等量的原則 → 「輸出到電力網內的電力，必須在輸出的同時被使用才行」的電力系統基本原則。

太陽光電系統所需的蓄電池
蓄電池的成本

東日本大震災之後，為了在面對災害與停電時有備無患，同時也為了配合省電計畫，裝設自家發電設備的一般家庭與工廠的數量出現增加的傾向。在自家裝設太陽能電池模板，除了可以顧慮到環保問題，也能減輕不久將來所要調漲的電費造成的負擔，再加上政府與地方自治團體所推動的可再生能源政策使然之下，各個家庭與企業在安裝太陽能電池模板的同時，大多還會裝設可以一時性儲蓄電力的**蓄電池**。這種設備會在太陽光電系統運作之時將電力儲蓄起來，並在電力需求量較大的時候把電釋放出去，以此來得到穩定的電力。除此之外，蓄電池還可以用來儲存價格較為便宜的**夜間電力**，藉此來節省電費。以一般家庭為例，一戶人口每天平均消耗的電力為13kWh／天，根據住宅業者所發表的試算，若要用太陽光電系統取代這個用電量，各個家庭必須設置容量為6kWh的蓄電池。現在許多家電製造商都開始生產、販賣給一般家庭或企業使用的蓄電池。隨著將來技術的進步，蓄電池的成本想必會跟著下降，但現在卻依然維持在10萬日元／kWh的高價位上，安裝起來絕對是一筆不小的負擔。

一般家庭與企業單獨購買蓄電池來自給自足，雖然是有效的省電方法，但就社會整體所負擔的經濟成本來看，卻不符合經濟效益。應該要聚集多戶人口來進行安裝，藉此產生聚合的效果，同時也讓輸出電力的落差緩和下來。就這個觀點來看，符合經濟效益的理想方式，是就將地區或都市，甚至社會全體的電力系統連結到蓄電池上。而這個構想也正是下一個項目所要介紹的**智慧電網**的出發點。

- 東日本大震災之後引進太陽能電池模板與蓄電池的家庭數量增加。
- 要是能由許多家庭合在一起安裝，輸出電力的落差可以較為平穩。

圖1 平均性的電力供需模式圖

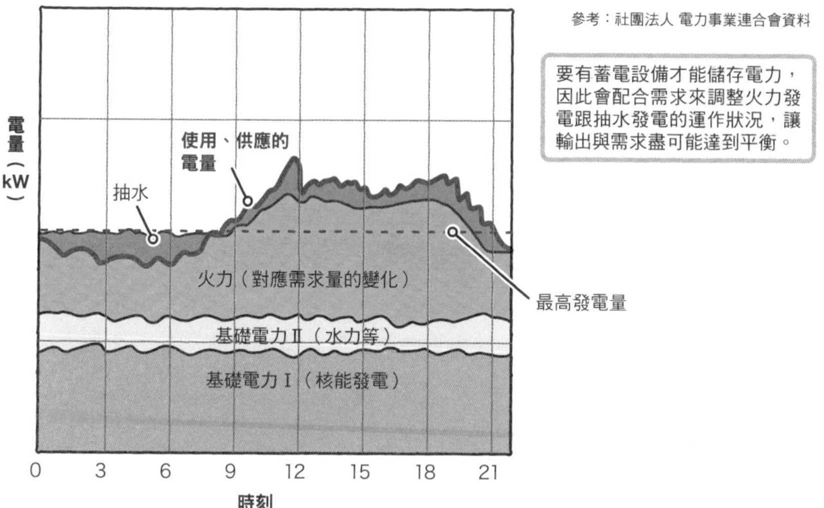

圖2 大量引進太陽光電系統時的電力供需模式圖

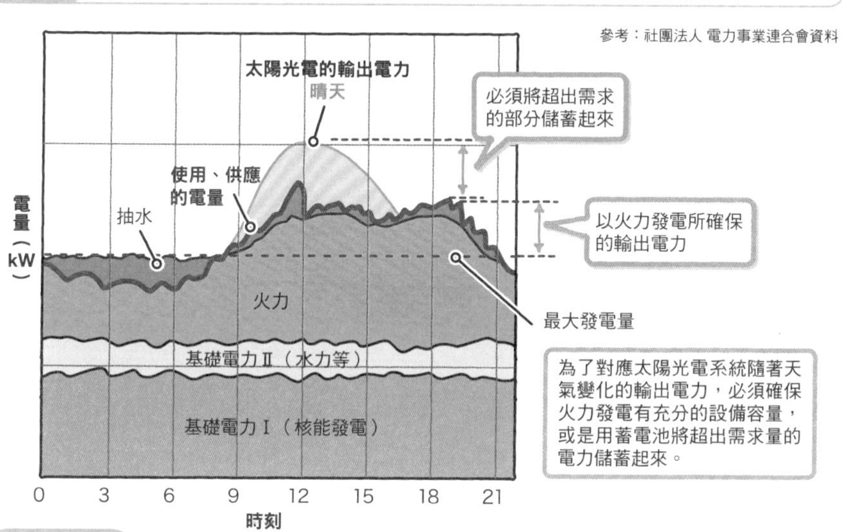

用語解說

kWh → 在1小時內生產、消耗1kW的電力時，用來表示輸出或消耗的單位。比方說容量為6kWh的蓄電池，可以用3kW的電力持續輸出2個小時。

抽水發電 → 用夜晚多出來的電力將下流蓄水池的水抽到上流的蓄水池，在白天需求較高時讓上流的水流下而發電的水力發電廠。

美國加州的電力危機對策

日本在東日本大震災所經歷的電力危機，美國在過去也發生過幾次。發生的原因在於跟日本相比美國的電力系統（Grid）可信賴性較低，發電廠與輸電容量都不足以應付越來越是高漲的電力需求。比方說從2000年到2001年，美國加州因為夏季的高溫導致電力需求飆高，再加上乾旱造成水力發電效率降低，陷入電力危機之中。加州公益事業委員會對此所採取的處置，是引進**動態定價**（Dynamic Pricing）的制度來促使需求戶自發性的省電。這是一種市場互動型的價格制度，當電力需求高過供電量的時候電費就會調高，反過來當供電量高於需求量的時候，則電費較為低廉。因此消費者會嘗試在電價昂貴的時降低消費，電價較低時增加消費。此時要是有蓄電池的話，就能在電費便宜的時候將電儲蓄下來。這種利用價格彈性來調整需求的方式，稱為**需量反應**（Demand Response）。

不過為了執行這套措施，必須每小時或每30分鐘掌握電力的需求來決定市場價格，光憑日本現在所普及，以徵收電費為主要目的的累計型電錶無法達到這個目的。因此另外在需求戶一方設置了**智慧型電錶**。智慧型電錶被說明為「可在電力公司與需求戶之間進行雙向通訊，並且可以管理冷氣、冰箱、洗衣機、微波爐等各種電器製品的數位型電錶」。大量引進可再生能源而成為話題的智慧電網，就是以智慧型電錶為出發點。有關智慧電網，我們將在本書最後的第6章詳細進行介紹。

●美國加州在面臨電力危機時，引進了市場互動型的價格制度。
●智慧型電錶是智慧電網的基礎技術。

圖1 智慧電網的概念

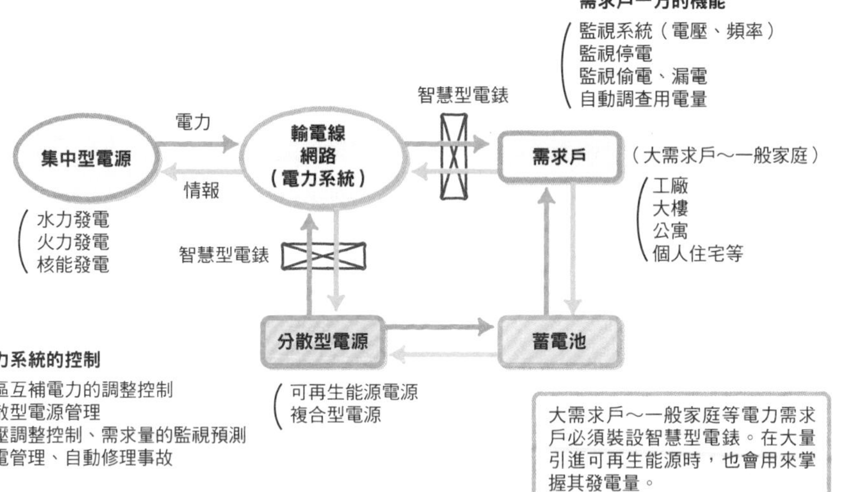

大需求戶～一般家庭等電力需求戶必須裝設智慧型電錶。在大量引進可再生能源時，也會用來掌握其發電量。

圖2 智慧型電錶的主要機能

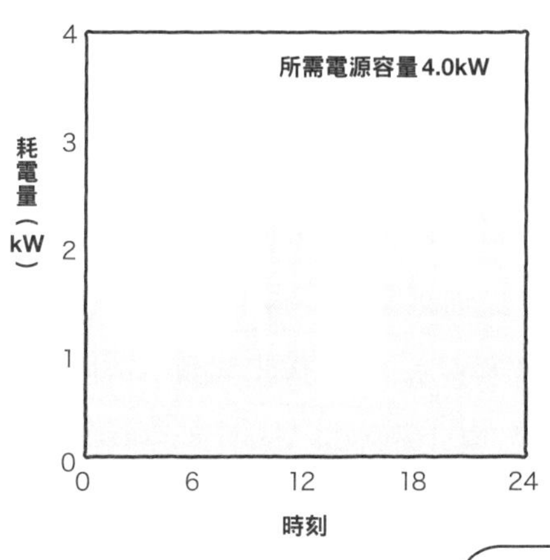

❶收集資料、顯示機能：消耗電力（買電）與分散型電源（比方說太陽光發電）併用時，會將賣電量的資訊儲存、顯示。

❷通訊機能：將儲存的資料往外（電力公司）發送，或從外部管理電器產品。

❸自動調整機能：自動開關或調整設定（比方說冷氣溫度）來成為符合整體狀況的耗電量。

這是用智慧型電錶將某個4人家庭的電力需求量的變化，轉換成視訊的結果哦！

006 太陽能的特徵

太陽所發出的同步輻射的能量，會以光（電磁波）的形態抵達地球表面。將這份能量換算成電力，推測大約會是 177×10^{12}kW。其中30%左右的 52×10^{12}kW會直接反射回宇宙空間，剩下的 125×10^{12}kW則抵達地球表面，讓我們的大氣維持在一定的溫度，並形成風雨、促使動植物成長。光看數字或許難以想像這份能量實際會是多少，若是將它換算成石油，將會是 10^{14} 噸。同樣換算成石油，我們人類在2007年所消耗的化石燃料總共是117億噸（10^{10} 噸），相較之下太陽所賜予我們的能量為這個數字的大約1萬倍。也就是說太陽的能量取之不盡，不管再怎麼使用也不會有耗盡的一天，而且跟石油還有天然氣不同，在取得資源時無需耗費成本，這點可以說是太陽能最大的特徵。

另一個主要特徵，是太陽能遍佈於整個地球表面，不管在哪裡都可以取得。這也是它被稱為地產地消型的能量資源的原因。但理所當然的太陽光能源有時間上的限制，不但在晚上無法運作，就連陰天跟雨天也會降低能量密度。另外，我們無法直接儲存光的能量，必須轉換成電、熱等其他能源形態，才可以由人類控制、使用。在各種自然現象之中，常時性且豐富儲蓄有太陽能量的，是植物跟藻類等生物質，再來則是海洋的表層水。前者被稱為**生物質能源**，目前正在積極的研究如何從中製造生物乙醇與柴油。在各種可再生能源之中，生物質是最受重視的技術之一，我們將在第4章介紹使用海洋熱能的溫差發電。

●太陽的能量取之不盡，廣泛的遍佈在整個地球上。
●生物質是太陽能的儲藏庫。

圖1 太陽能量的去向

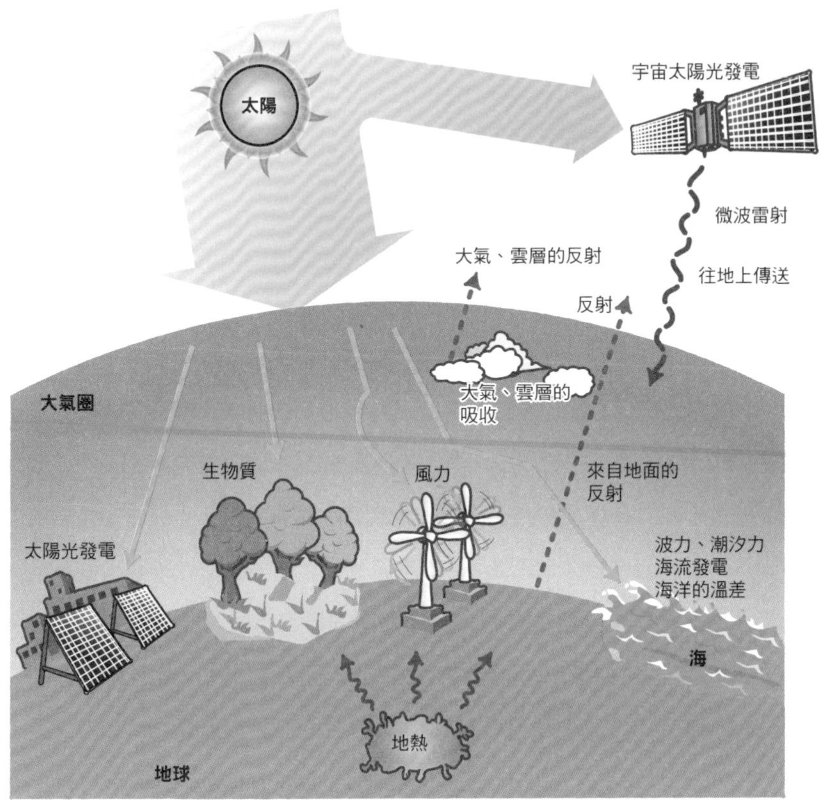

太陽能會照射到整個地球表面。利用太陽光來發電、生物質的成長、風跟海的流動全都是太陽的能量所造成的活動。地熱可以說是地球形成時所累積的能量。正在研發的宇宙太陽光電系統處於實證階段，今後應該會越來越重要。

地球之所以存在，
全都是托太陽能量
的福哦！

太陽常數與空氣質量的定義

當太陽放射出來的光能量，經過大約1億5000萬公里（1.495×10^8km）的距離抵達地球大氣圈外附近時，其放射能量的密度大約是1.4kW/m^2。更詳細一點的來看，在沒有大氣所造成的吸收與散亂的大氣圈外，透過人造衛星實際測量入射方向呈垂直的太陽放射光，其能量密度為1.353 kW/m^2，這個數據被稱為**太陽常數**。

照射到地球上的太陽光線，會隨著場所、時間、氣候的狀況而不同，不過只要一旦進入大氣圈，波長較短的紫外線跟藍色的部分就會因為空氣分子所造成的散亂而消失，紅外線等波長較長的部分則會被大氣中的水蒸氣或二氧化碳所吸收，導致能量的流失。這也是為什麼天氣好的時候，天空看起來會是藍色。基本上，抵達地面的太陽光的能量，會與太陽光所通過的空氣量成反例。我們將這個空氣量（大氣厚度）稱為**空氣質量**（Air Mass／AM），單位是以天頂（觀測者正上方的圓球頂點）當作基準，並將這個場合的空氣量定為1的空氣質量（AM-1），因此大氣圈外會是AM-0（圖1）。

圖2所顯示的是大氣圈外（AM-0）、地表（AM-1）的太陽能量的光譜（太陽光能量在各個波長的分佈）。地表上的太陽光光譜（AM-1）與大氣圈外（AM-0）相比，短波長的能量衰減比可見光要來得多。另外，圖中還可以看到在被水蒸氣所吸收的部分，能量會出現大量的衰減。圖中的虛線代表6000K的黑體幅射的光譜，從它跟太陽光光譜的類似性來看，可以推定太陽表面的溫度大約是6000K。

●太陽光線在大氣圈外所擁有的能量密度稱為太陽定數。
●太陽光在大氣圈內所通過的空氣量稱為空氣質量。

圖1 何謂空氣質量

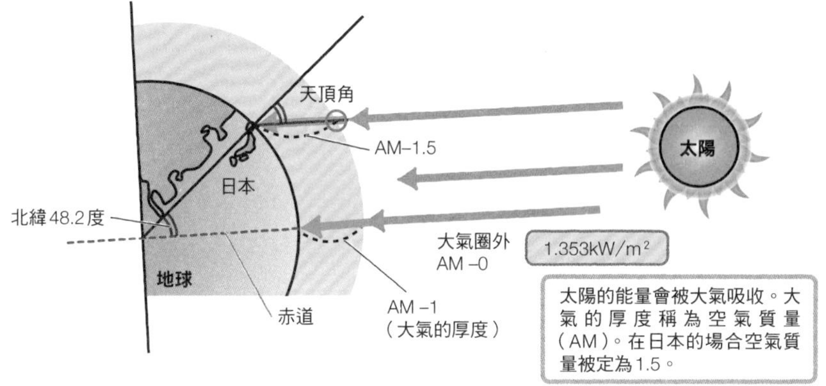

太陽的能量會被大氣吸收。大氣的厚度稱為空氣質量（AM）。在日本的場合空氣質量被定為1.5。

圖2 太陽光的能量光譜

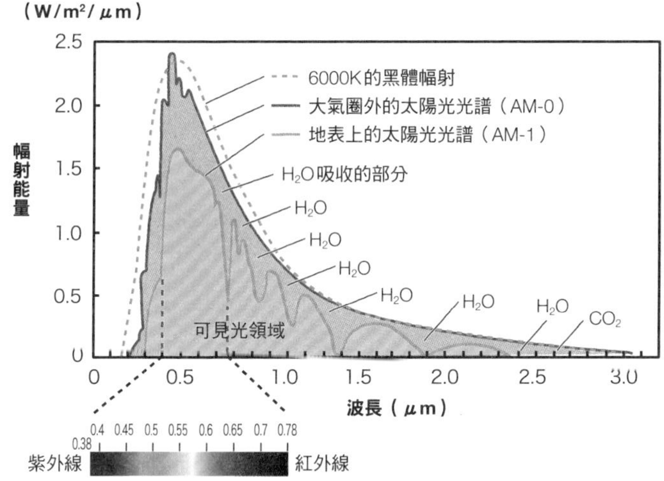

太陽光具有「波」的性質，因此會有光譜（波長的分佈）存在。人類肉眼所能看到的波長為0.38～0.78μm，也被稱為可見光領域。太陽光電系統也會利用到可見光領域以外的光譜。

用語解說

黑體 → 黑體是會百分之百吸收所有電磁波的理想性物質因。因為不會反射任何波長的電磁波（包含光在內），在沒有處於高溫時呈現黑色。反過來當黑體在放射電磁波的時候，一樣會在所有波長進行放射，這種涵蓋所有波長的放射性電磁波則稱為黑體幅射。

008 太陽能在地球表層的去向

太陽所放射出來的光的能量，在進入地球大氣圈內之後，會在反射、散亂、吸收等過程之中轉換成各種形態的能量。就如同（006）所提到的，抵達大氣圈外的能源總量推測是177×10^{12}kW。其中相當於30%的52×10^{12}kW會被反射回宇宙空間，抵達地球表面的是剩下來70%的125×10^{12}kW。這份70%的能量另外又再分成維持大氣溫度的85×10^{12}kW（47%），與儲蓄在海跟冰之中讓水蒸發的40×10^{12}kW（23%）。自然界所存在的能量規模龐大且複雜，無法畫出明確的界線，但我們身旁所使用的太陽光發電與太陽熱發電是利用前者的能源，而水力發電與利用海洋表層所儲蓄之熱能的**海洋溫差發電**，則是使用後者的能量所成立的機制。更進一步分析，被用在風、波浪、對流的能量為0.37×10^{12}kW，就太陽能量的總合來看不過是佔0.2%，但卻是目前世界上發展程度最高的風力發電的能量來源，海流與**波浪發電**所使用的能量也是來自於此。另外，促使植物成長，在生態循環之中扮演重要推手，並且透過**光合成**來成為生物質能量泉源的，則是更為少量的400×10^8kW（0.02%）。

可再生能源之中能夠被我們所利用的，還包含有地熱與**潮汐力**等不是源自於太陽能的種類。地熱發電的泉源，可由被利用的地熱能源，光是在日本國內就有大約0.23×10^8kW，由月球引力所造成的潮汐能量則推測是30×10^8kW。

●太陽光的能量，會在大氣圈內變化成各種其他形態的能量。
●30%反射回宇宙，47%的其中一部分由太陽光發電所使用。

圖1 推算可再生能源的資源總量

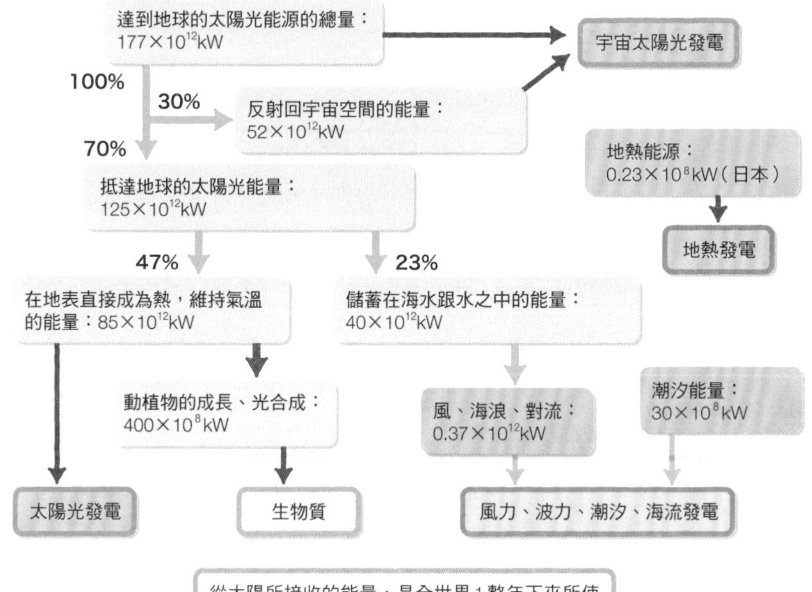

從太陽所接收的能量，是全世界1整年下來所使用的能量的1萬倍。

圖2 日本能夠引進的可再生能源的總量

風力發電	4億1000萬kW
太陽光發電	7200萬kW（非住宅系）
中小型水力	430萬kW
地熱發電	520萬kW
合計	4億9150萬kW

日本發電設備的容量為2億4360萬kW

參考：日本環境省發表「可再生能源的潛在性調查結果」（2011年4月21日）

假定在2012年7月所引進的「電力業者購買可再生能源相關特別處置法案」（FIT法案）的影響之下，可再生能源的普及與技術革新有更進一步的發展，發電成本可大幅降低的場合所能引進的資源總量。

用語解說

FIT法案→2011年3月在閣僚會議之中通過的FIT法案，是預定在2012年引進的「電力業者購買可再生能源相關特別處置法案」。這項法案規定電力業者必須在未來10年以一定價格購買太陽光電、風力發電等可再生能源所生產出來的電力，購買價格會每年往下調。

COLUMN

第一章總結

以國家層面來選擇能量資源時，必須考慮的基本要件被稱為以下所提示的3E。

第1是能源的安全保障（Energy Safety）、第2是環境考量（Environment）、第3則是經濟效益（Economy）。也就是說，一個國家所使用的能源必須要能穩定的供給，在將來也可能永續性的持續下去，再來則是不會排放對環境有害的氣體或物質，最後則是價格低廉具有良好的經濟效益。在經歷福島核電廠的災害之前，核能發電一直被認為是最能滿足這3項條件的發電方式。到了現在，最有可能滿足3E條件的第一候補，被認為是可再生能源。不過可再生能源在經濟效益方面還有尚未解決的課題，目前正努力的研究如何提高性能與降低成本，進而與智慧電網等系統來進行配合。

可再生能源的泉源，除了地熱與潮汐之外，絕大部分都來自於太陽所放射出來的光能量。太陽光抵達地球的總能量高達177×10^{12}kW，但其中30%會反射回宇宙空間，剩下的70%進入包含大氣圈在內的地表。將地面、海水、河川、空氣、水蒸氣加熱來維持氣溫，並讓植物透過光合成來維持生態系統中的生產活動。太陽光、風力、海浪、海洋熱所產生的電力以及生物質的資源，全都是太陽能量所造成的產物。

太陽光電系統會直接利用太陽光的能量，但到達地表的太陽光的能量密度，會隨著通過大氣圈的距離而變化。代表這個距離的參數稱為「空氣質量」（Air Mass：AM）。

太陽光電系統的一切

目前所使用的可再生能源之中，太陽光電系統是與我們最為接近的技術。
這一章我們將會說明身為其核心機制的太陽能電池，
並介紹太陽能電池的研發歷史、運作原理、以及各種太陽能電池的特徵。

太陽光電系統
會將太陽的能量直接轉換成電力

太陽光電系統，是用**太陽能電池**將太陽放射出來的光能量轉換成電（電力）的裝置，會隨著使用目的來設計實際上的構造。一般最常見到的太陽光電系統，會像圖1這樣設置在住家的屋頂，是輸出功率為3kW等級的**太陽能電池模板**。這個設備會由太陽能電池（Cell）、模組（Module）、陣列（Array）這3個階段的要素與子系統所構成。只是太陽能電池輸出的電力為直流，功率也隨著天氣不斷變化，必須要有稱為**電力調節器**的裝置才有辦法使用。電力調節器不光是可以在直流與交流之間進行轉換，還可以調整電壓、頻率、相位來與電力公司的配電線連接。

在太陽光電系統之中基礎性的最小單位是**太陽能電池**（Cell）。電池本身所產生的電壓會隨著半導體的種類所有不同，在最為發達的**單結晶矽**的場合，開放電壓為0.7V左右，而在10公分方塊的矽太陽能電池的場合，可以得到的電流密度大約是4A。因此若要得到實用性的電流、電壓，必須將複數的電池串聯起來提高電壓，更進一步用並聯的方式連結來增加電流。若是1個電池所產生的電壓為0.8V，用25個電池串聯而成的模組，可以得到20V的電壓。將這個模組以8串聯、5並聯來整理成1個「陣列」的話，則可以得到160V的電壓與最大20A的電流，實現輸出功率為3kW的太陽能電池模板。將太陽能電池裝到框架上所製造而成的模組，會裝上將電力取出的端子板。面板也會製作成每邊約1公尺的方便施工的尺寸。

- 太陽光電系統的基本要素是太陽能電池（Cell）。
- 太陽光電系統必須要有電力調節器。

圖1 太陽能電池的組成

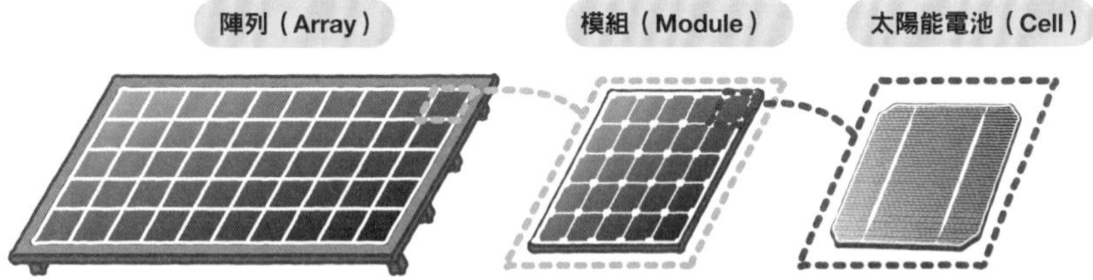

太陽能電池的結構分成電池、模組、陣列等3個階段。

圖2 住宅用太陽光電系統

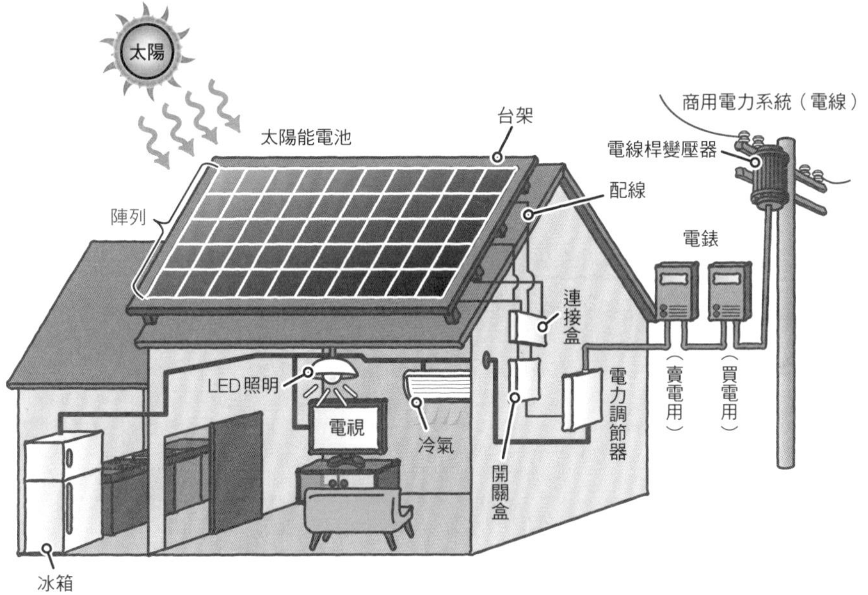

太陽能電池所發出的電力為直流，必須要有電力調節器才能轉換成交流電。連接盒會將各個模組的電線束在一起，透過下方的開關盒（附帶防止逆流、吸收雷擊電壓的機能）來輸出到電力調節器。

太陽能電池的研發史

用光照射物質來產生電力的現象，稱為**光生伏特效應**。這是在1839年由法國物理學家貝克勒爾（Becquerel）用光照射電解液中的銀電極時出現電流，而被發現的現象。不過身為目前主流的**半導體矽結晶**太陽能電池，則是由美國的貝爾實驗室發明，1954年皮爾森（Pearson）、察賓（Chapin）、傅勒（Fuller）等三人用半導體的**pn接合**研發出全世界第一款太陽能電池。根據報告擁有6%的轉換效率。這項發明讓太陽能電池正式進入黎明期。但當時的太陽能電池必須使用高純度的矽，成本非常昂貴，只能用在人造衛星或無人燈塔等極為特殊的用途上。

1973年石油危機來臨，受到石油價格高漲的影響，世界各國開始研發替代性能源。日本政府也為了確保穩定性的能源，在1974年設立了以研發新能源相關技術為主要目的的「Sun-Shine計劃」，將可供電力系統使用的太陽能電池定為研發目標。

太陽能電池的轉機出現在1980年。三洋電機研發出輸出電壓比單結晶矽更高的**非晶矽薄膜太陽能電池**，以此為契機，太陽能電池開始被用來當作計算機、鬧鐘等民生用品的電源。但是要將太陽能電池用在電力系統上成本還是過高，要到1990年以後往這方面發展的機運才會開始高漲。接著在東日本大震災之後，太陽能電池開始在家庭之中普及，成為省電對策與緊急用的電源。

●使用半導體pn接合的太陽能電池在1954年誕生。
●1980年代所發明的非晶矽太陽能電池成為計算機等用品的電源。

圖1 首次使用太陽能電池的人造衛星

搭載6顆矽太陽能電池，
功率為5mW。

美國在1958年發射的Vanguard 1號是首次配備太陽能電池的人造衛星。

圖2 太陽能計算機

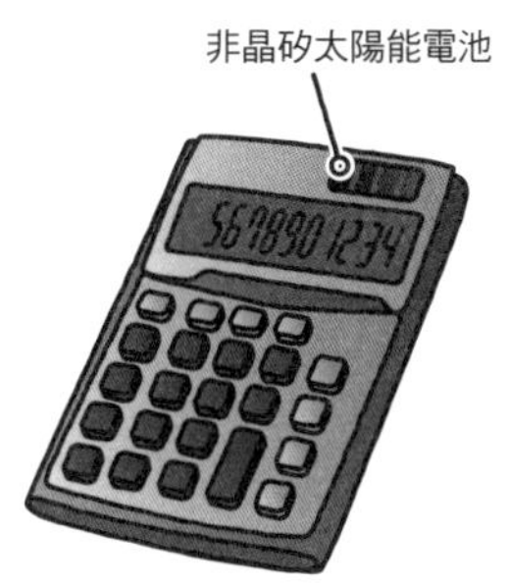

由日本首次商品化

圖3 太陽能電池的模式圖

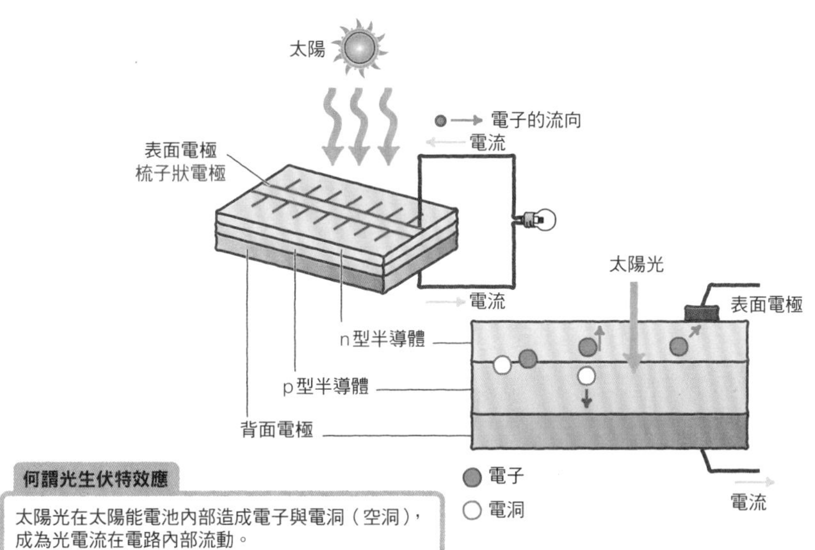

何謂光生伏特效應

太陽光在太陽能電池內部造成電子與電洞（空洞），成為光電流在電路內部流動。

矽結晶半導體的能帶構造

矽結晶的構造，是由矽（Si）原子規律的結合所形成。矽是Ⅳ族4價的原子，位於原子核最為外側的**最外殼電子軌道**有4個電子（價電子）存在。原子之間會共享這4個電子，以4個化學結合來聯繫在一起。因此擁有結晶構造的矽原子的最外殼軌道，總共會有8個電子存在（圖1）。

換個視點，讓我們來看看矽結晶**半導體能帶（Band）的構造**。就如同圖2一般，半導體從能量較低的一方開始為**價電子帶**、**能帶隙**、**導帶**。價電子帶是完全塞滿電子的領域，電子與化學結合有關，無法自由的移動。另一方面在位於高能量領域的導帶，電子不會受到結晶內原子的束縛，是可以自由移動的**自由電子**。在此施加電場就會形成流動的自由電子（電流），讓導電發生。位於價電子帶與導帶之間的能帶隙，是電子無法進入的領域，這個能量寬度也被稱為**能隙**（Eg）。這將是影響電壓與電流密度等太陽能電池性能的重要指標。

當光進入半導體時，擁有粒子特性的**光子**（Photon）會對價電子帶之中的電子產生作用，要是賦予電子比能隙（Eg）更大的能量，電子就會從價電子帶超越能帶隙來抵達導帶，並在導帶之中以自由電子的身份來行動。另一方面電子離開之後所留下的洞，會像擁有正極（Plus）一般的粒子來行動，因此被稱為**電洞**（正洞）。就如同（013）所提到的，太陽能電池的核心機能在於**n型**、**p型**半導體之中所存在的電子與電洞，它們負責將光的能量轉換成電。

- 半導體內有價電子帶、能帶隙、導帶的能帶存在。
- 射入半導體內的光子會激化電子來形成自由電子與電洞。

圖1 矽結晶的原子排列

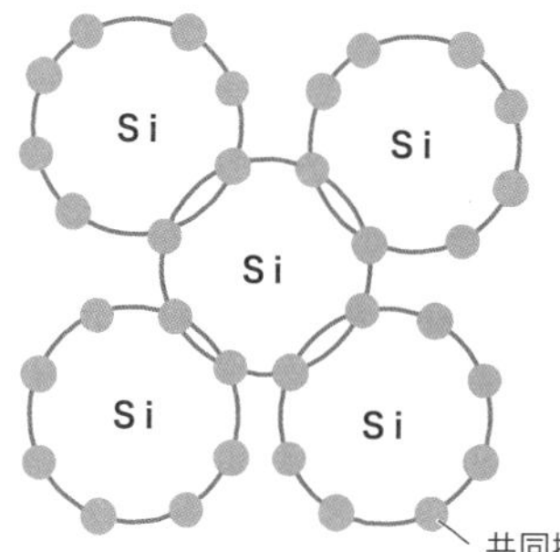

矽在最外殼的電子軌道上擁有4個電子，當矽原子相互結合來組成結晶時，會共享8個電子。

圖2 能帶的構造

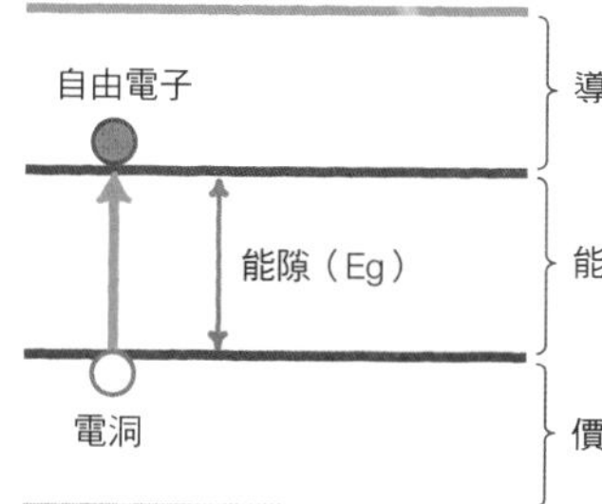

要是給予電子比能隙更大的能量，電子就會從價電子帶越過能帶隙，抵達導帶來成為自由電子。原本電子存在的地方則成為電洞。

Eg：能隙
能帶隙的能量寬度

只要給予半導體充份的光能量，就會形成自由電子與電洞哦！

用語解說

光子（Photon）→光是一種電磁波，它擁有波的性質，但光同時也擁有粒子搬運能量的性質。這個奇妙的現象稱為光的粒子性。把光當作粒子看待時，會用光子來進行稱呼，1個光子所能搬運的能量會與頻率（振動數）成正比，並且跟波長成反比。E(eV）與波長λ（nm）之間的關係為$E=1239.8/\lambda$。但$1\text{nm}=10^{-9}\text{m}$

半導體的pn接合所負責的機能

太陽能電池會使用電子特徵不同的2種半導體，也就是將p型與n型的半導體結合在一此，來形成最為基本，卻也是最為關鍵的構造。我們將會說明p型與n型的不同之處，以及結合兩者來將光轉換成電的基本機制（運作原理）。首先來看看p型與n型的半導體是怎麼製造出來，構造與特性又有什麼不同。

矽結晶就如同（011）所提到的，在原子之間共享4個價電子來進行結合，最外殼的軌道上有8個電子存在。而若是將磷添加（Dope）到矽半導體內，磷是V族的原子，在最外殼的軌道上擁有5個電子，讓磷原子與矽原子結合來形成結晶，就會多出1個多餘的電子。磷原子會將這個多出來的電子釋放出去，成為擁有正電荷的離子P^+，被釋放的電子在常溫之下會移動到導帶成為自由電子。此為**n型半導體**的構造。

另一方面，若是將Ⅲ族的硼（B）添加到矽半導體，硼原子在最外殼軌道只有3個電子存在，與矽原子結合會缺少1個電子。因此會從結合的矽原子之中抽出1個電子，在硼原子本身成為負電荷的離子B^-的同時，結晶內部也會出現電子離開之後所產生的洞。對於這個空洞，我們以電洞來稱呼。不斷改變電子離開的位置，可以讓電洞宛如粒子一般在價電子帶之中自由移動。此為**p型半導體**的構造。

用能帶的構造來看，n型半導體的導帶有許多電子存在，p型半導體則是有許多電洞分佈在價電子帶上。而這兩種半導體的結合部位，會形成太陽能電池最重要的機能。

重點 Check!

- n型半導體會添加V族原子，導帶上有許多電子存在。
- p型半導體會添加Ⅲ族原子，價電子帶上有許多電洞存在。

圖1 太陽能電池的n型半導體與p型半導體

原子的價電子數量

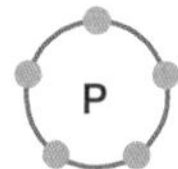

磷（P）是擁有5個價電子的Ⅴ族化學元素。

矽（Si）是擁有4個價電子的Ⅳ族元素。有4個結合處。

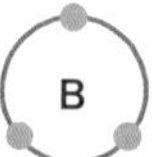

硼（B）是擁有3個價電子的Ⅲ族元素。

n型半導體

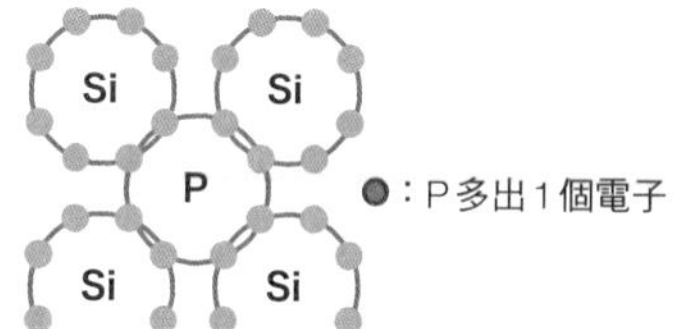

若是將磷添加（Dope）到矽結晶內，就會多出1個磷原子的電子。

p型半導體

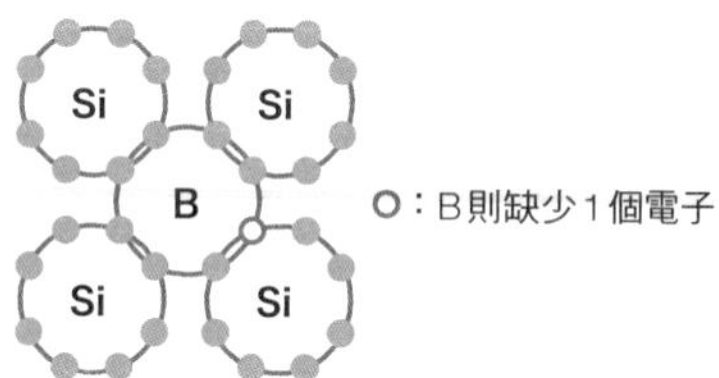

若是將硼添加（Dope）到矽結晶內，就會缺少1個共價鍵的電子。

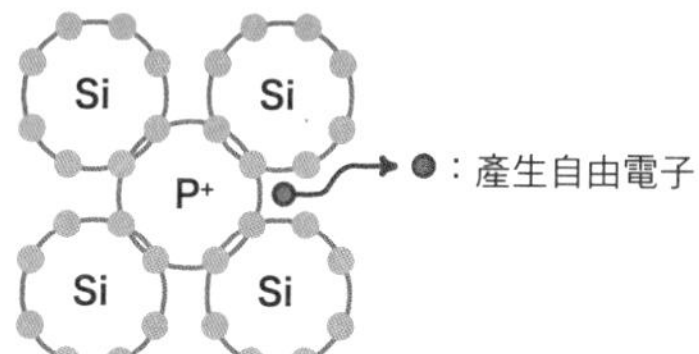

磷原子會將多餘的電子釋放出去，成為磷離子（P^+）。被釋放出去的電子會成為自由電子。

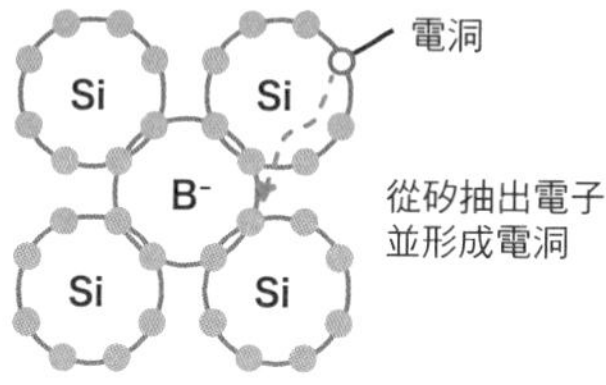

硼原子會從矽結晶抽出1個電子，成為硼離子（B^-）。矽結晶之中電子離開所形成的洞會成為電洞。

太陽能電池產生初始電力的機制

讓p型與n型的半導體結合（pn接合）並用光照射，就會在結合部位產生電勢的梯度（**電力**）。這是太陽能電池的基本機能。

在p型半導體，添加到矽結晶的硼會從矽原子得到1個電子成為負離子，創造出與硼原子數量相同的電洞。像硼這種為了製造p型半導體所添加的不純物稱為**受體**（接受電子）。另一方面在n型半導體，添加到矽結晶的磷原子會將多餘的電子釋放出去成為正離子，產生與磷原子數量相同的電子。像磷這樣的不純物被稱為**施體**（施放電子）（圖1）。

兩者會像圖2這樣形成pn接合，p型半導體的電洞會擴散往n型一方移動，n型半導體的自由電子會往p型一方移動，因此電洞與電子會互相衝突，在電洞接下電子之後兩者一起消失。這個現象稱為重組。因此在結合的境界附近，會因為重組而出現沒有電洞也沒有電子的空乏層。在這個**空乏層**，p型半導體一方會因為受體的離子化產生負電，將電洞拉攏的同時也將電子推開。另外在n型半導體一方，會因為施體的離子化產生正電，在將電子拉攏的同時也將電洞推開。這種現象稱為**內部電場**。

用光照射pn接合，位於價電子帶的電子會接收光的能量移動到導帶，在原本的場所形成電洞。然後在空乏層所出現的內部電場的影響之下，電洞往p型一方，電子往n型一方移動。在此用外部電路將p型半導體與n型半導體連接在一起，電子就會讓外部電路從n型往p型（電流為反方向）的流動。這就是太陽能電池的運作機制。

●在pn接合的附近，電子與電洞會重組來形成空乏層。
●pn接合會透過不純物的離子化來形成內部電場。

圖1 n型、p型半導體的特徵

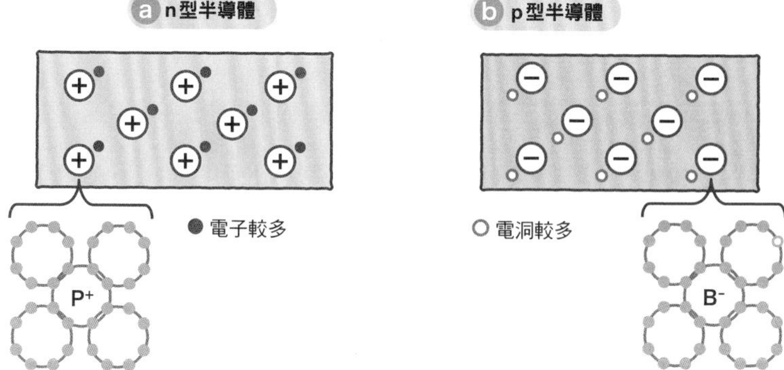

在p型半導體中，硼原子會從矽原子收下電子成為負離子，n型半導體則是將磷原子多出來的電子釋出去成為正離子。

圖2 讓p型與n型結合

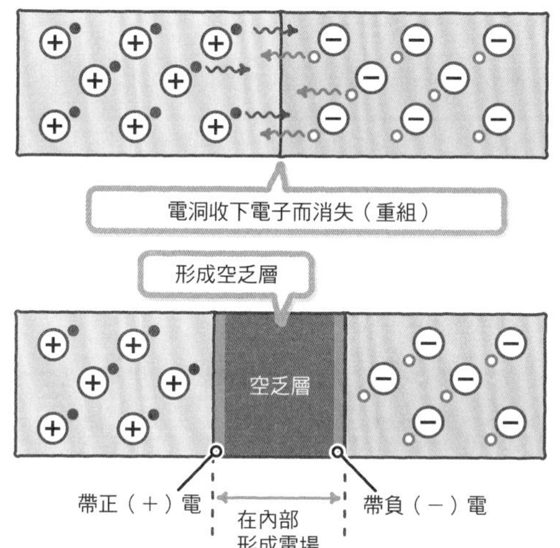

讓p型與n型的半導體結合（形成pn接合），p型半導體的電洞會擴散往n型的領域移動，n型半導體的電子會往p型的領域移動，電洞與電子互相衝突時，兩者會一起消失並將能量釋出（重組）。結合的境界會形成沒有電子也沒有電洞的空乏層，在此p型半導體一方會帶負電，將電洞拉攏並將電子推開。另一方面n型半導體一方會帶正電，將電子拉攏並將電洞推開，讓電洞與電子無法擴散到另外一邊。

用能帶圖來觀察太陽能電池的電壓與電流

圖1所顯示的是能帶圖，從這個圖我們可以觀察pn接合之中電子的能量構造。能帶圖會顯示電子軌道入座的狀況，電子會以能量較低的軌道往能量較高的軌道依序入座。電子能量高到一定程度時，電子就會完全被填滿，足以讓電子完全被填滿的能量，稱為**費米能級**（E_f）。因此我們也可以解釋成，費米能級代表半導體p層與n層的電場。

半導體p層的價電子帶有許多電洞存在，這讓電子入座的能級出現空位，因此E_f會在價電子帶附近。相較之下，n層的E_f則位於導帶附近。在完全不含有磷、硼等不純物的半導體（無雜質半導體：i層）中，E_f會在能帶隙中央。pn接合的場合，分別在p層與n層裝上電極就可以形成太陽能電池，若是用導線將兩邊電極連在一起造成短路的話，p層與n層的E_f就會一致，如同圖2所顯示的在能帶產生**電勢的梯度**。這代表內部電場的形成，也代表太陽能電池的電動勢。在光的照射之下從價電子帶跳到導帶的電子，會在電勢梯度的影響之下往n層一方漂移，透過外部電路往p層移動，然後與p層價電子帶之中的電洞結合。因此在外部電流之中的短路電流，會從p層往n層的方向移動。另一方面，若是切斷外部電路來進行解放，光所形成的電子會在n層、電洞會在n層累積產生**解放電壓**，解放電壓的大小會透過E_f的差來表現。在圖3之中，n層一方看起來似乎擁有較高的電勢，但E_f是由電子觀點來觀察的能級，在一般電勢的場合正負會是相反，p層為正電勢、n層為負電勢。這就是用能帶圖所觀察的電壓結構。

重點 Check!

- p層、n層、i層的費米能級（E_f）位置各不相同。
- 在pn接合之中E_f高度的差代表兩層之間電勢的差。

圖1 半導體的能帶結構圖

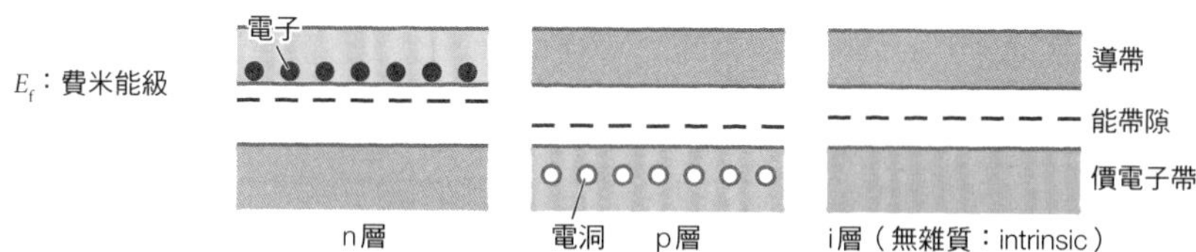

費米能級是指電子完全填滿時的電子能量多寡。在p層之中，價電子帶有許多電洞存在，電子入座的能級會出現空窗，費米能級也會在接近價電子帶的位置。n層在導體有大量的電子存在，因此費米能級也位在接近導帶的位置。

圖2 短路電流

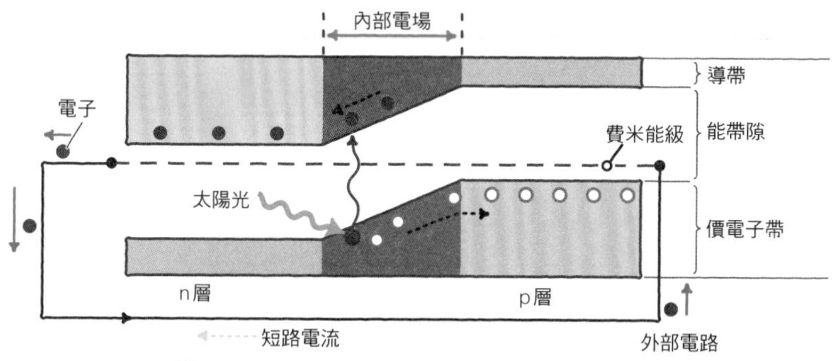

在光的照射之下，價電子帶的電子會移到導帶，在電勢梯度的影響之下從p層移動到n層，跟電洞進行重組。

圖3 解放電壓

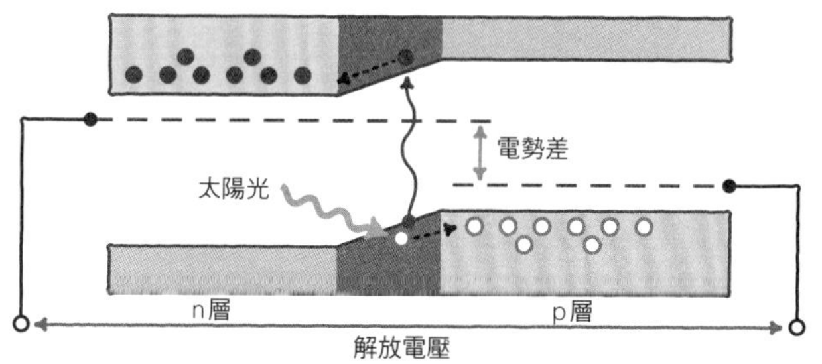

將外部電路切斷來進行解放的場合，會產生電勢差（解放電壓）。

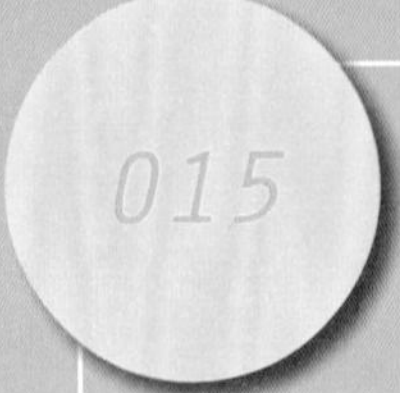

如何製造太陽能電池

太陽能電池的基板跟情報電子裝置一樣，會使用單結晶矽的晶圓（Wafer）。但是跟IC用途的矽材料相比，是純度較低且更為廉價的**太陽能等級**（SOG：Solar Grade）。晶圓是用融爐提煉出來的矽晶塊所切割而成的薄片，厚度大約200μm，但在太陽能的場合，一般會以p型矽晶圓為出發點。具體來說，會在p型晶圓的表面散佈身為**摻雜物**（Dopan：為了控制半導體性質所添加的不純物）的磷，在上方形成薄薄的n型層，來完成pn接合的構造。然後在表面裝上集電用的電極，背面裝上電極，即可完成陽能電池的基本構造。但為了提高轉換效率（照射的陽光與太陽能電池最高輸出功率的比），特別是為了捕捉光，另外還會施加其他各種工法。比方說抑制太陽光反射的**無反射膜**、用來捕捉光的規則性**凹凸（Texture）構造**、避免讓背面電子進行重組的特殊層膜等等。

上述為實現高效率單結晶矽太陽能電池的技術，要是要讓太陽能電池廣為普及，必須在高效率的同時一併實現低成本與量產化。**多結晶矽太陽能電池**正是以此為目的所研發出來的製品。多結晶矽太陽能電池的出發點，是將融解的矽倒到鑄模之中（鑄造法）所形成的晶塊。這跟從融爐之中提煉出來的單結晶晶塊相比成本較為便宜，但鑄造法所製成的晶塊並非單一結晶，而是在許多方向擁有界面的單結晶顆粒的集合體。另外在矽原子之間結合也會有部分的缺陷，必須用氫來進行**覆蓋**（Passivation）。

重點 Check!

- 單結晶矽太陽能電池的基板晶圓是用金屬塊切割而成。
- 多結晶矽並非單一結晶，而是單結晶顆粒的集合體。

圖1 單結晶矽的製造方法

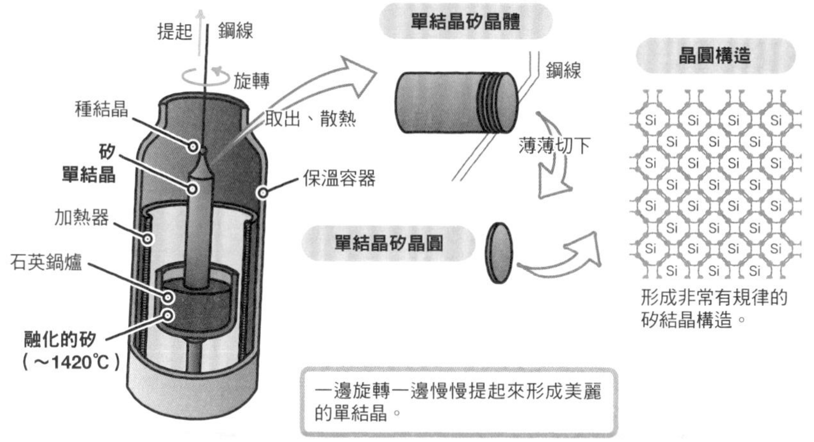

圖2 多結晶矽的製造方法（鑄造法）

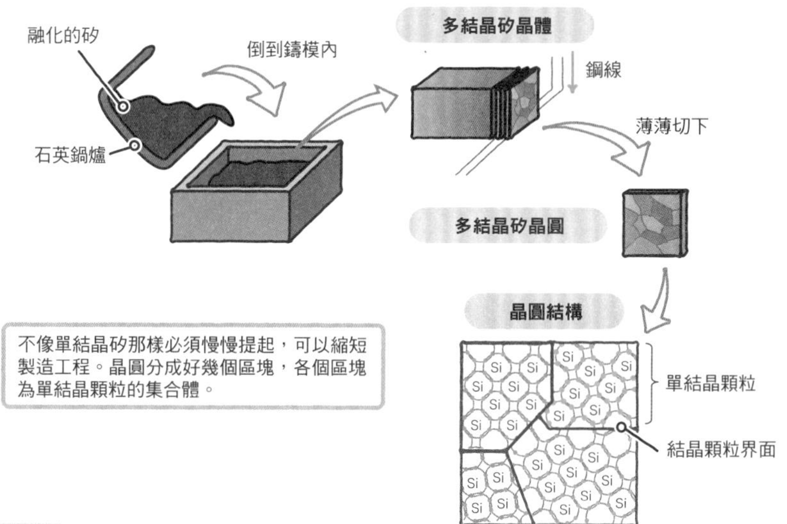

用語解說

覆蓋（Passivation）→覆蓋處理是為了避免預料之外的反應發生所實施的處理工法。對多結晶、非晶矽太陽能電池來說，矽原子之間的結合會有不完全的部分存在，這個構造上的缺陷會使性能降低。用氫來將沒有跟任何原子結合的鍵結去除，就是在此所使用的氫覆蓋處理。

016 太陽能電池擁有其他能量轉換技術所沒有的優勢

（015）以前的說明，應該能為大家解開「太陽能電池是什麼？」的疑問。在此將換個話題，用能量轉換技術的觀點來思考太陽能電池。就如同下列所記載的，太陽能電池擁有其他各種能原轉換技術所沒有的優勢，首先從使用上的觀點來看：

❶太陽能電池是透過半導體的**量子效應**，來將光的能量轉換成電力的機械，不像火力發電與汽油引擎等內燃機關一般，必須燃燒燃料，也不像渦輪發電機一般有高速轉動的部分存在。除了安靜之外，運作時也完全不會散發出有害物質，對於改善地球暖化效應將有所貢獻。就環保與維護生活品質的觀點來看，是極為優良的發電方式。

❷運作與保全等管理、維持作業非常輕鬆，可在無人的狀態下運作，也能用來當作燈塔、人造衛星的電源。另外也沒有熱機存在，不管規模大小，能量轉換效率幾乎維持不變，從宇宙太陽光發電、大規模的超級太陽能系統到中規模的發電廠跟小規模的家庭發電、道路標誌電源都能使用。而不只是太陽光，螢光燈等人工光源也能用來發電，因此也能用來當作計算機、鬧鐘的移動式電源。

❸太陽能電池的主要材料為矽（硅、silicon），是地球上含量僅次於氧的第2豐富的化學元素，是取之不盡的資源。另外就如同（009）所提到的，太陽能電池可以用精簡的模組來進行生產，不但量產性高，要是引進自動化製造工程還可以大幅降低成本。

以上為太陽能電池的優點，不過理所當然的，它也有一些缺點存在。

●太陽能電池是非常環保的發電技術。
●太陽能電池可以用在各種規模，能夠使用的範圍非常廣泛。

圖1 太陽能電池的各種使用形態

a 超級太陽系統・休耕田地

在休耕田地設制太陽光電系統

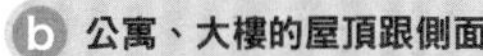

b 公寓、大樓的屋頂跟側面

c 公寓陽台

d 垂直設置在屋頂上

e 火車站的屋頂

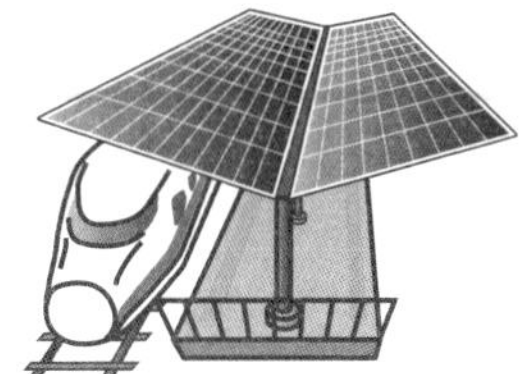

f 街燈

g 堤防

h 防波堤

i 燈塔

j 車庫

擁有曲面的屋頂

k 帳篷屋頂

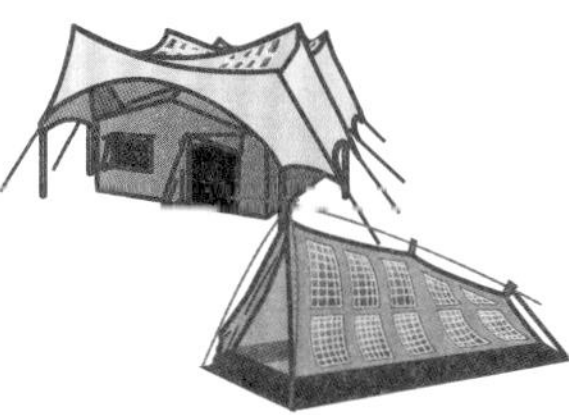

太陽光電系統不只可以用在住宅，還能以各種規模應用在廣大的範圍上。參閱人造衛星與計算機（010）、宇宙太陽光電系統（027）。

017 太陽能電池的問題與分類

（016）提到了太陽能電池的特徵與優點，但太陽能電池也存在它的缺點及必須克服的問題。要是沒有這些問題跟缺點，太陽能電池現在已經廣為普及，成為人類社會主要的電力來源。第1個主要的缺點，是太陽光的能量密度較低，必須佔用廣大的面積才能產生大量的電力。對此所提出來的解決方法之一，是利用住家或大樓的屋頂、高原或沙漠等尚未有效利用的土地。第2個缺點是自然現象的不均衡性，不光是夜晚會停止生產，雨天與陰天所能期待的產量也是少之又少。這些都是由太陽光本身的特性所造成的問題，目前正努力研究如何用技術來克服這些缺點。

來自於太陽能電池本身的問題，則是雖然有著「電池」二字，卻沒有儲蓄電力的機能。也就是說，太陽光電系統不過是按照天氣好壞來持續製造電力的發電設備若要刻服太陽光的不穩定性，必須跟蓄電池、電動車一併使用，另外則是得架構在第6章將會提到的**智慧電網**。最近也有提出附帶蓄電機能的太陽能電池的構想。

就普及方面來看，太陽能電池最主要的技術性課題，在於提高轉換效率與降低成本。為了挑戰這些課題，從1980年代開始出現了各式各樣的太陽能電池，現在也持續出現新的款式。從下一個項目開始，我們將會介紹各種太陽能電池的材料與技術上的特徵。目前所使用的太陽能電池，會按照半導體的材料區分為**矽**、**化合物**這兩大類，期待將來可以實用化的則是**有機型**太陽能電池。而目前還處於基礎研究階段，以超高效率為目標的，則是量子點太陽能電池。

●太陽能電池本身沒有儲蓄電力的機能。
●普及上的主要課題，在於提高轉換效率跟降低成本。

圖1 太陽能電池的種類

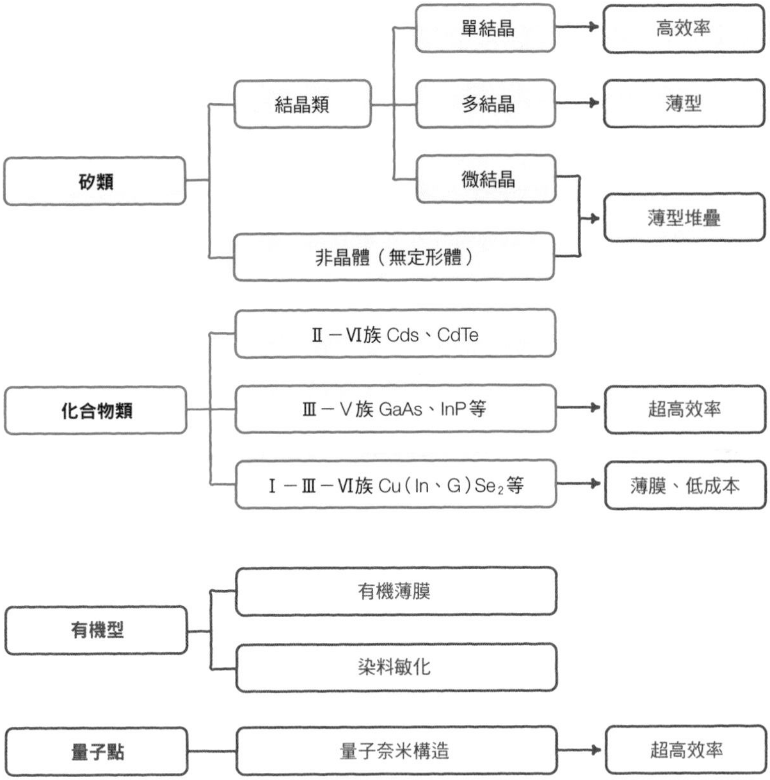

- **矽類**
  - 結晶類
    - 單結晶 → 高效率
    - 多結晶 → 薄型
    - 微結晶 → 薄型堆疊
  - 非晶體（無定形體） → 薄型堆疊
- **化合物類**
  - Ⅱ－Ⅵ族 Cds、CdTe
  - Ⅲ－Ⅴ族 GaAs、InP等 → 超高效率
  - Ⅰ－Ⅲ－Ⅵ族 Cu（In、G）Se_2等 → 薄膜、低成本
- **有機型**
  - 有機薄膜
  - 染料敏化
- **量子點**
  - 量子奈米構造 → 超高效率

＊綠色為次世代太陽能電池或研究開發中的課題

太陽能電池的種類不在少數，目前主要的發展動向，是提高身為主流的矽（結晶、單結晶、多結晶）、非晶體（無定形體）太陽能電池的效率，或降低矽的使用量。另外還有使用矽以外的材料，或是以低成本、超高效率為目標的化合物太陽能電池。將來的展望則是期待有機類與量子點太陽能電池可以實用化。

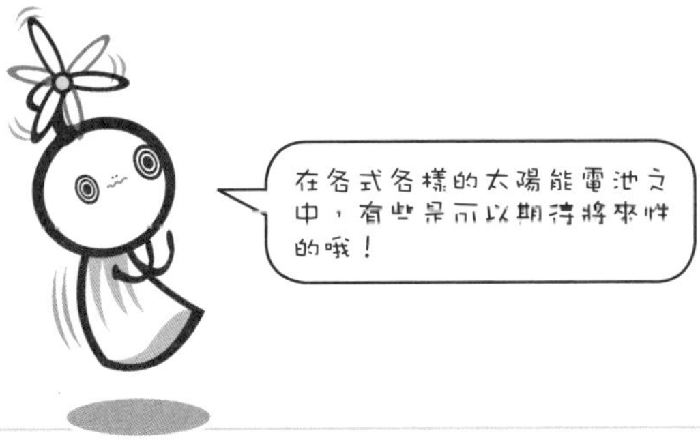

018 矽太陽能電池的分類與薄膜太陽能電池

矽太陽能電池若是按照材質來分類，可以分成**結晶類**與**非晶體類**（**無定形體**），結晶類則可以更進一步分成單結晶、多結晶、微結晶。而如果將焦點放在材質的構造上，則可以分成結晶類、薄膜類、複合型。結晶類包含單結晶與多結晶，薄膜類則是使用微結晶與非晶體，薄膜類的厚度是結晶類的10分之1以下，具有可以節省資源與低成本的特徵。但是跟結晶類相比，薄膜類的轉換效率通常會比較低。複合型是為了克服這個缺點來提高效率的類型，組合單晶塊（Bulk Crystal）與薄膜，代表案例是組合非晶體與單結晶矽的HIT（Hetero junction with Intrinsic Thin-layer）**太陽能電池**。在已經實用化的製品之中擁有相當高的轉換效率，受到多方的矚目。

矽薄膜太陽能電池一般會用**電漿化學氣相沉積法**（電漿CVD）來進行製作，用稱為甲矽烷（SiH_4）的氣體進行輝光放電來分解到電漿的狀態，透過化學反應在基材上形成薄膜。這些膜的材質與結晶類不同，矽原子的排列方式為不規則的非晶體類。非晶體類的問題點在於會有造成不規則原子排列的**懸空鍵**（Dangling Bond）存在，以及添加不純物也不無法成為受體或施體，電子會停留在懸空鍵的部位讓性能大幅下降。為了避免這點必須加上氫，製造出懸空鍵與氫結合的**氫化非晶矽**（a-Si:H），以此提高薄膜太陽能電池的性能跟可信賴性。氫化非晶矽太陽能電池為了避開懸空鍵所造成的惡性影響，會採用在p層與n層之間插入i層（intrinsic：本質半導體）的構造。

重點Check!

- 非晶矽薄膜會用甲矽烷以電漿化學氣相沉積法來製作。
- 氫化非晶矽太陽能電池會在中間插入i層。

圖1 薄膜矽的製造法

電漿CVD製造法

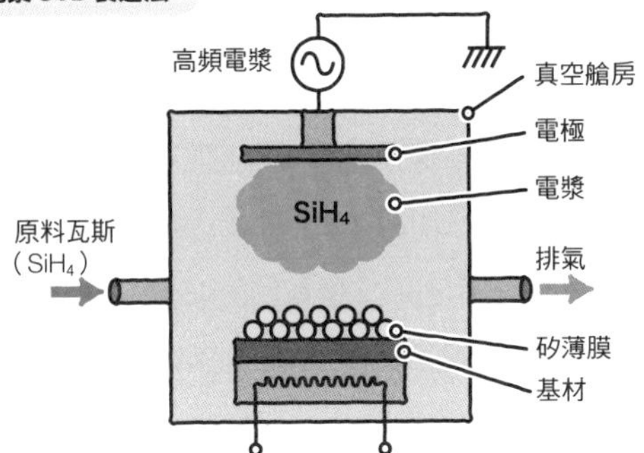

SiH_4被分解成為電漿，Si在基材上堆積來形成薄膜。

圖2 氫化非晶矽的構造

a 結晶矽的晶室

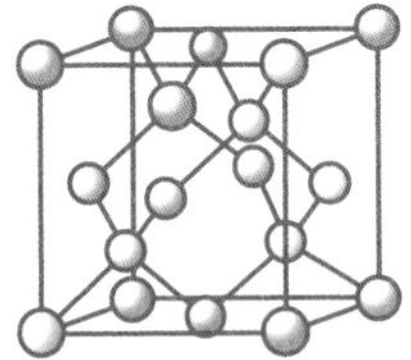

b 氫化非晶矽

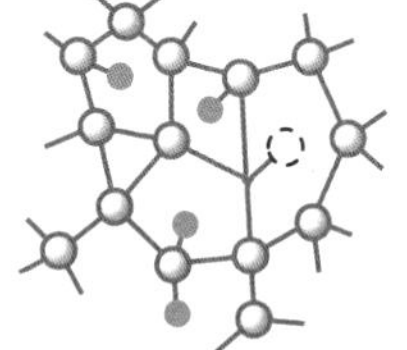

不論是結晶矽還是非晶矽，都會伸出4個鍵結來進行結合。在結晶矽的場合鍵結的長度跟角度都維持一定，擁有規則性的結晶構造（鑽石構造），相較之下非晶矽的鍵結不論是長度還是角度都沒有一定規則，甚至會出現3個鍵結與1個懸空鍵。加上氫原子讓懸空鍵穩定下來，就會成為氫化非晶矽。

矽原子　氫原子　懸空鍵

參考：佐藤勝昭「『太陽能電池』的基本」SoftBank Creative 2011年

圖3 氫化非晶矽的特徵

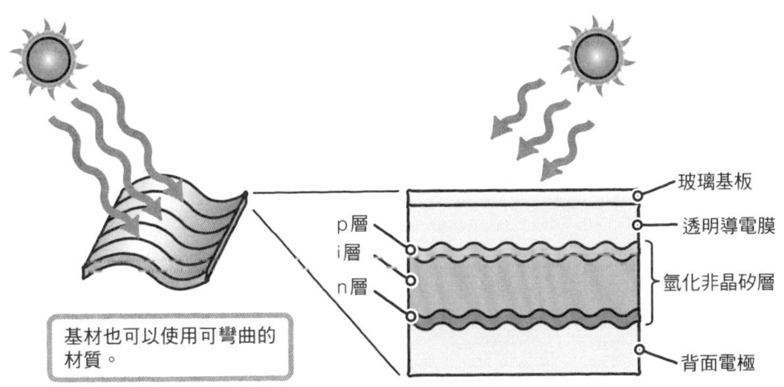

基材也可以使用可彎曲的材質。

019 在各種創意之下所誕生的HIT太陽能電池

矽薄膜太陽能電池的第1個特徵，是可以結省資源與降低成本，除此之外若是將矽的薄膜堆疊在塑膠膜上，則可以製造出輕盈又可以自由彎曲的太陽能電池。缺點是跟結晶類相比性能算不上高，以及性能會隨著照射的光而有所不同。但要是跟結晶類、單結晶組合則可以提高效率，其代表性的產品為**HIT太陽能電池**。

HIT太陽能電池，擁有非晶體與單結晶矽的複合構造，100平方公分尺寸的電池達到21.3%、模組則是達到17%的高效率。在下述的創意與技術的協助之下，HIT太陽能電池才有辦理實現如此的優秀的性能。

首先最基本的，n型單結晶矽的正反面會用電漿CVD工法來堆疊非晶矽的薄膜，形成用非晶矽將n型半導體夾住的獨特構造，正反兩面都會裝上**透明導電膜**（ITO：氧化銦錫）與梳子狀的銀電極，成為上下對稱的構造。因此只要調整裝設太陽能電池的角度，就能吸收反射與散亂的光用背面來進行發電。另外則是在單結晶矽的表面形成亂數的凹凸構造，將光捕捉在內。推測在堆積薄膜時一併使用的氫，可以防止表面的結構性缺陷活化，讓性能更上一層樓。

HIT太陽能電池的另一個優勢，在於溫度上升所造成的轉換效率低落的傾向較小。裝設在屋外的太陽能電池在太陽光的照射之下免不了會提高溫度，特別是在夏天，溫度有可能上升到80度左右，這個特徵對於提高發電量有很大的貢獻。

●HIT太陽能電池擁有非晶體與單結晶矽的複合型構造。
●HIT太陽能電池使用各種技術來得到高效率。

圖1 非晶矽與單結晶矽的吸收頻率

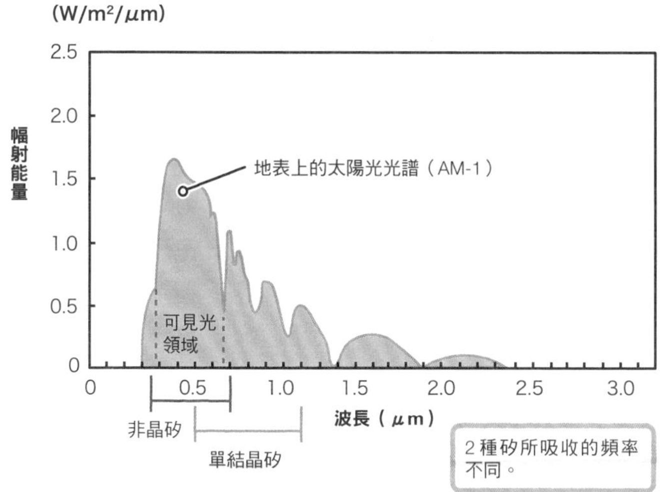

圖2 HIT太陽能電池的構造

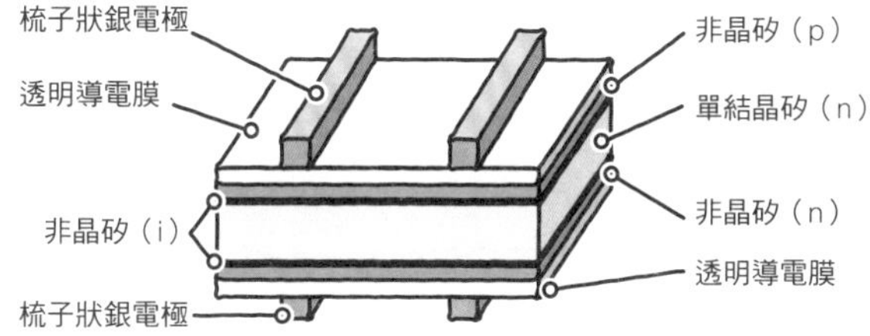

圖3 HIT太陽能電池的雙重發電

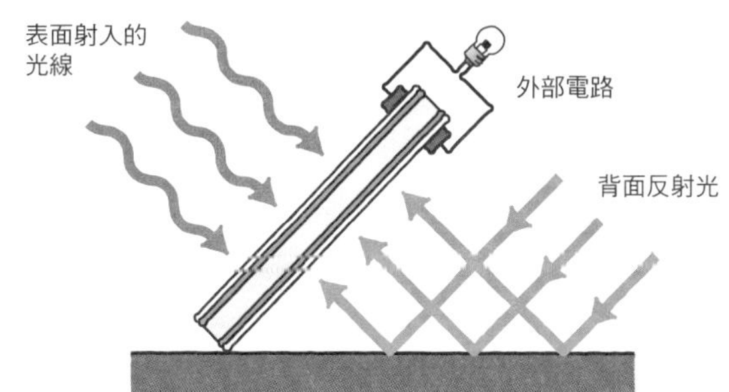

020 高效率的化合物半導體太陽能電池

太陽能電池所使用的半導體材料，除了矽之外還有各式各樣的**化合物半導體類**。其中的代表為砷化鎵（GaAs）與磷化銦（InP）等Ⅲ－Ⅴ族、鎘碲（CdTe）等Ⅱ－Ⅵ族、以及最進近受到矚目的銅、銦、鎵、硒化合物的CIGS薄膜。所謂的Ⅲ－Ⅴ族，指的是Ⅲ族（排在元素周期律表第13列的金屬元素）與Ⅴ族（第15列的元素）的化合物。

Ⅲ－Ⅴ族，會在GaAs單結晶基板上製造出Ⅲ－Ⅴ族半導體薄膜的層狀構造，結晶與薄膜的製造成本雖然昂貴，但轉換效率高，對於輻射有較強的抵抗力，被用來當作人造衛星跟太空站的能源。單鍵結構的電池擁有25%的能量轉換效率，用透鏡將光集中在一起的集束型則報告有超過40%的數字。Ⅲ－Ⅴ族半導體之所以會有如此高的效率，是因為光子能量在1.5eV附近的光吸收率，跟矽的吸收率（光子能量1.25eV左右）相比多出2位數，吸收光線更有效率。而太陽能電池本身的體積也可以更薄。相較之下CdTe類與CIGS類雖然沒有Ⅲ－Ⅴ族那麼高的效率，但依然維持在中等左右的性能，且製造成本較為便宜，現在已經開始在地面上普及。

如同（011）所說明的，矽的結晶構造是在各個原子最外側的軌道共享4個電子。在Ⅲ－Ⅴ族的場合，Ⅲ族所擁有的3個最外殼層電子會與Ⅴ族原子的5個最外殼層電子結合，將總共8個電子平分，各享有4個電子來讓原子結合，維持半導體應有的性質。另外，GaAs半導體的能帶隙為1.43eV，比矽結晶的1.11eV還要更有效率。

●化合物類有Ⅲ－Ⅴ族、Ⅱ－Ⅵ族、以及CIGS薄膜類。
●化合物類效率高且不怕輻射，被當作宇宙用的電源來使用。

圖1 太陽能電池半導體的光學吸收係數

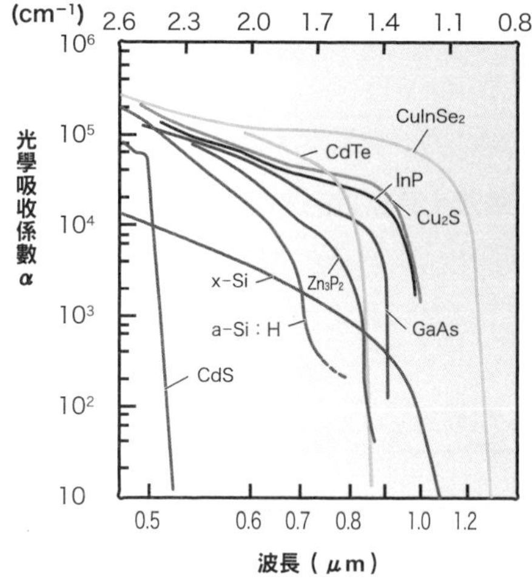

$CuInSe_2$	銅銦硒 （簡稱CIS）
Cu_2S	硫化亞銅 （礦物名稱：輝銅礦）
InP	磷化銦
CdTe	鎘碲
GaAs	砷化鎵
Zn_3P_2	磷化鋅
c-Si	結晶矽
a-Si：H	氫化非晶矽
CdS	硫化鎘

參考：佐藤勝昭「『太陽能電池』的基本」SoftBank Creative 2011年

圖2 比較矽（Si）與砷化鎵（$GaAs_2$）的共價鍵

a 矽

b 砷化鎵

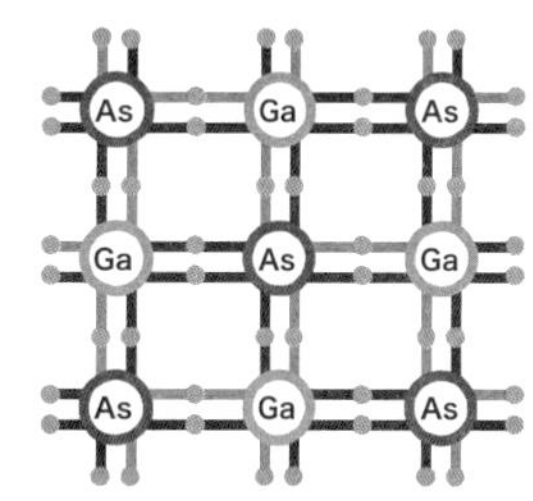

●＝電子

矽擁有4個鍵結（參閱011、012），因此共享8個鍵結來形成結晶。Ⅲ族元素的鎵（Ga）擁有3個鍵結、Ⅴ族元素的砷（As）擁有5個鍵結，因此砷化鎵化合物會形成共享8個鍵結的結晶。

高性能的CIS／CIGS薄膜太陽能電池

CIS會使用銅（Cu）、銦（In）、硒（Se）等3種元素，CIGS則是再加上鎵（Ga），以4種元素製作而成的化合物半導體太陽能電池。CIGS的化學式為$Cu(In_{1-x}Ga_x)Se_2$，將Ga的比例x在0到1之間進行調整，就能讓半導體的能帶隙於1.0eV到1.7eV之間變化，因此可以控制x來選出最適合太陽能電池的比例。CIS則相當於x＝0的CIGS。

CIGS太陽能電池的半導體材料為**黃銅礦**（Chalcopyrite）類。物理特性是吸光率高，只要有1～2μm的厚度就能將照射的所有光線吸收，因此包含吸光層在內的構造非常的薄，適合製作成薄膜。再加上已經研發有節省資源、耗費能量少、容易量產、可連續生產大面積太陽能電池的技術。對於基板的限制也比較少，在金屬薄片與塑膠等輕量的軟性基板上也能堆積出多層的太陽能電池。除了這些優點之外，它所擁有的高效率也得到很高的評價，期待可以成為次世代的太陽能電池。唯一讓人擔心的是銦的資源量較少，或許會成為量產上的障礙。

CIS／CIGS類的太陽能電池，會在吸收太陽光的吸光層使用CIGS。圖2所顯示的是CIGS類太陽能電池模組的材料與構造範例。隨著原料的組合方式與製作方法的不同，從低成本到高性能等各種等級的品質都有辦法對應。圖中的範例首先用濺鍍在青板玻璃（鹼石灰玻璃）的基板上堆出鉬（Mo）的背面電極，然後在上面製造出CIGS吸光層的薄膜。接著形成硫化鋅（ZnS）或硫化銦（InS）等緩衝層，讓光射入的表面則是用氧化鋅（ZnO）的透明電極來包覆。

重點 Check!

- CIGS類太陽能電池的材料為銅、銦、鎵、硒。
- 吸光率較高可以形成薄膜，節省資源、低成本、高效率。

圖1 CIS的共價鍵

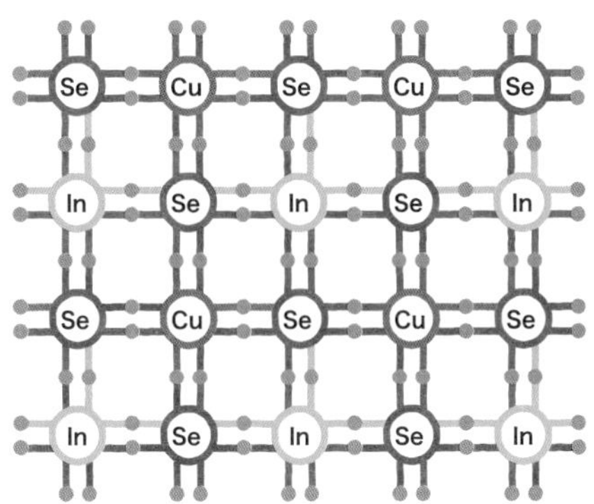

●：電子

Cn：銅、Ⅰ族元素
最外殼有1個電子

In：銦、Ⅲ族元素
最外殼有3個電子

Se：硒、Ⅳ族元素
最外殼有6個電子

CIGS則是將In的一部分換成Ⅲ族元素的Ga（鎵）

$CuInSe_2$化合物共享的電子為Cu：1個、In：3個、Se_2：6×2個等總共16個，這跟矽結晶一樣，共享8個電子來形成穩定的結晶構造。

圖2 CIS／SCGS類太陽能電池的構造範例

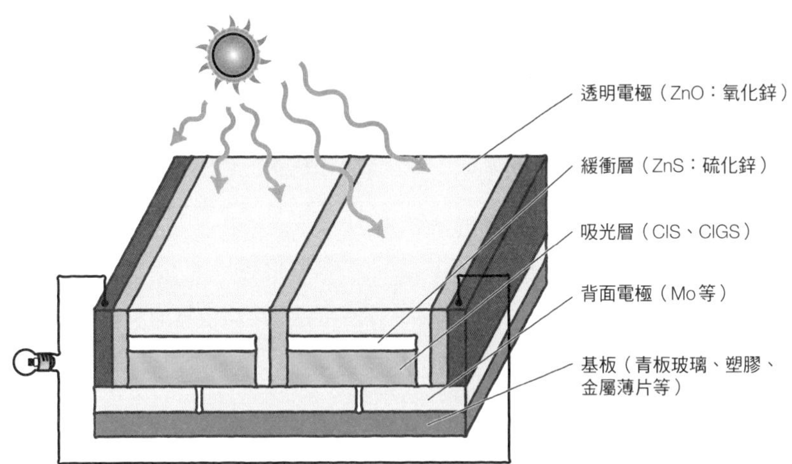

CIGS類太陽能電池是用複數薄膜材料所形成的異質結構太陽能電池。異質結構（Heterojunction）的意思是讓異種物質結合在一起。

透過多接合化來實現高效率的太陽能電池

非晶矽（a-Si）的第1個特徵，是跟結晶類相比能帶隙較大，光學吸收係數也比結晶要高出10倍，跟結晶矽的pn接合相比太陽能電池的膜厚只有千分之1。這個節省資源的效果在矽原料供不應求時，特別受到矚目。另一個特徵則是太陽能電池的**多接合化**會比較容易。多接合化是將能帶隙不同的複數pn接合組合在一起的太陽能電池，這個創意的歷史較為古老，在1955年就已經被提出。

擁有1個pn接合的單接合型太陽能電池的能量轉換效率，取決於半導體材料的能帶隙，理論上的界限被認為是30%左右，而多接合化是提高這個理論界限的方法之一。太陽光含有從紫外線到紅外線等許多不同的波長。多接合型太陽能電池的場合，從受光的一方來看，首先會用能帶隙較大（解放電壓較高）的太陽能電池來利用波長較短（能量較高）的光，並讓波長較長（能量較低）的光穿過。然後用能帶隙較小（解放電壓較低）的太陽能電池來利用波長較長的光，藉此增加太陽光譜之中可以被人使用的範圍。一片又一片的堆積下去就會成為3接合、4接合，形成能量轉換效率較高的多接合型太陽能電池。

與（020）所提到的Ⅲ－Ⅴ族化合物半導體有關的，2002年發射的實證用實驗衛星「翼」就是搭載InGaP／$GaAs_2$多接合型太陽能電池。測驗之後留下良好的結果，可以成為高效能的宇宙用太陽能電池。另外由InGaP／InGaAs／Ge所構成的3接合型太陽能電池，在2009年留下35%的高能量轉換效率，用透鏡來將光束集中的話，則更進一步得到41.1%的高效率。

●多接合型太陽能電池，會用能帶隙不同的複數材料堆積出多層構造。
●與單接合相比太陽光光譜之中可以利用的領域較廣，效率也進而提升。

圖1 宇宙用太陽能電池的構造範例

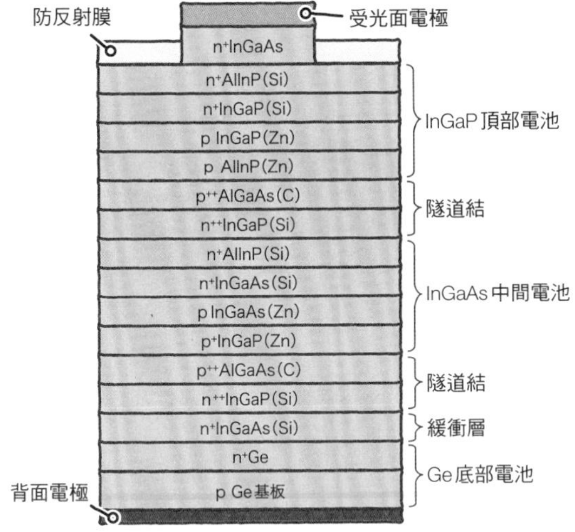

這個範例之中的多接合型太陽能電池由頂部、中間、底部所構成。隧道結會使用添加高度不純物的半導體。

參考：產業技術總合研究所
『最為平易近人的太陽能電池書籍』
日刊工業新聞社、2007年

圖2 多接合化的概念

參考：產業技術總合研究所
『最為平易近人的太陽能電池書籍』
日刊工業新聞社、2007年

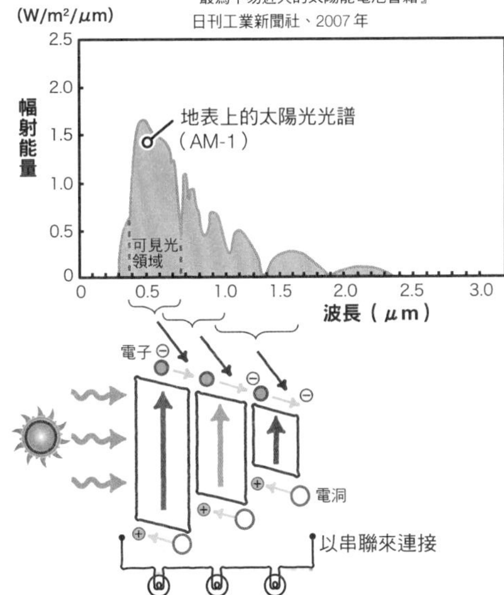

最上面的電池會利用波長較短的光線，並讓波長較長的光通過。下一層電池會利用波長較長的光線，最下層則是利用波長更長的光線，擴大太陽光光譜之中可利用的波長領域來提高效率。

圖3 實證用實驗衛星「翼」的外觀

「翼」搭載2片太陽能電池模板，展開時的長度為3.3公尺。

Ⅱ－Ⅳ族化合物半導體的 CdTe太陽能電池

在此說明Ⅱ－Ⅳ族的**鎘碲（CdTe）太陽能電池**。如同圖1所顯示的，CdTe多結晶可吸收的太陽光波長領域較廣，能帶隙也有1.5eV，有著良好的能量轉換效率。而且還可以在玻璃基板上形成品質優良的多結晶膜，期待將可以成為高效率的多結晶薄膜太陽能電池。在n型半導體使用CdS的CdS／CdTe薄膜太陽能電池，擁有玻璃基板、透明導電膜、n型CdS透光層、p型CdTe吸光層、背面電極所形成的多層構造，光會從玻璃基板一方射入。像這樣由不同物質結合在一起的構造，稱為**異質結構**。

太陽能電池的製作方法有**密閉空間揮發法**、**真空蒸鍍法**、**電鍍法**、**銀幕印刷法**、**噴霧法**、**有基金屬化學氣**相成長法等相當多元，其中銀幕印刷法無需用到真空加工，可用低成本來加大製造面積。密閉空間揮發法與真空蒸鍍法所製造的小面積電池可以得到16%、電鍍法的小面積電池可得到14%的能量轉換效率，而印刷法的小面積電池為12.8%、30公分正方的模組則是報告有8.7 %的能量轉換效率。圖2顯示的是用銀幕印刷法所製作的CdTe太陽能電池的結構。

這種電池的另一個特徵，是製造所需的能源不高。回收製造能源所需的**能源回收期間**（Energy Payback Time）據說在1年左右。只是這種電池會使用日本一般被認為是有害物質的鎘，因此並沒有在日本國內普及。但製造所需的能量較少、製作工程所排上的地球暖化氣體較低，只要以資源回收為前提來進行考量，對環境造成的負擔其實算是比較小的類別，稱得上是優良的太陽能電池。

- **Ⅱ－Ⅳ族的CdTe太陽能電池，是高效率的多結晶薄膜太陽能電池。**
- **CdTe太陽能電池製造時所需的能量較少。**

圖1 CdTe類太陽能電池的吸收波長領域

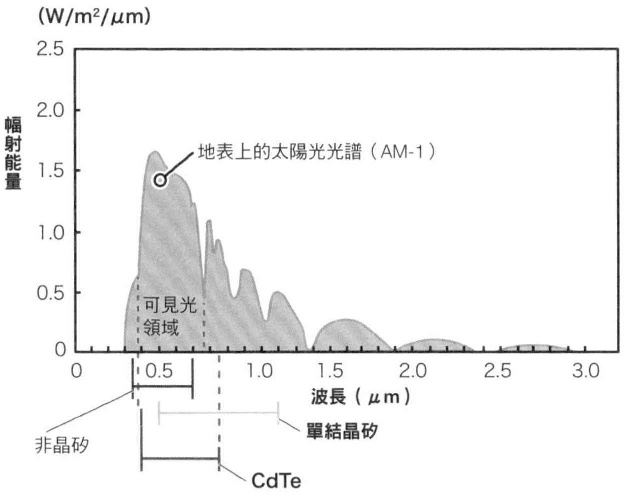

CdTe類與矽(單結晶、非晶體)相比,高幅射能量的光學吸收波長領域較廣。

圖2 CdTe類太陽能電池結構範例

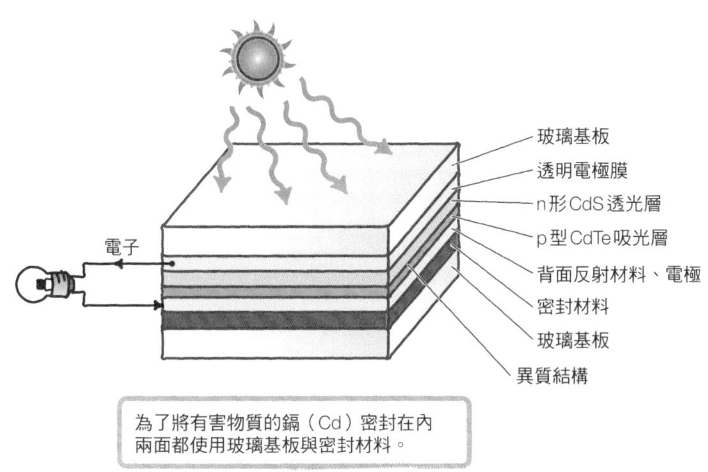

為了將有害物質的鎘(Cd)密封在內兩面都使用玻璃基板與密封材料。

期待可以降低成本的次世代型色素增感太陽能電池

色素增感太陽能電池，會讓色素附著在**氧化鈦**微粒子的表面來吸收可見光，利用因此產生的電子與電洞的動作，以及碘溶液的氧化還原電勢差來發電。自從瑞士研究團體研發出色素**增感劑**的釕（Ru）配合物之後已經有20年的歷史，能量轉換效率達到11%以上。製造時無需用到真空工程，期待將可成為次世代的太陽能電池，研究開發的動向也非常熱絡。

就讓我們來說明一下它的發電機制與系統結構。色素增感太陽能電池，首先會讓光增感劑的色素吸附在奈米尺寸的氧化鈦（TiO）微粒子上，並堆積成多孔狀來形成薄膜電極（負極），然後跟含有碘離子（I^-、I^{-3}）的電解液與白金或碳的相反電極（正極）組合在一起。色素會使用吸收波長涵蓋可見光到近紅外線的釕配合物。會特別選擇色素的理由，是因為TiO半導體的能帶隙在3.0～3.2eV之間，幾乎無法吸收到可見光，「色素增感」的名稱也來自於此。而使用極為細小的TiO微粒子的原因，是為了增加吸附色素的總量。

由色素吸收的光所激化的電子，會進入TiO半導體的導帶，經過透明電極（TCO）與外部電路來流到相反的電極。另一方面，電解液的碘（I）會在正極接下電子成為碘離子（I^-），因為激化而失去電子的色素會從電解液中的I^-接下電子而重生。另外也有研發用植物提煉出來的有機色素取代希有金屬Ru的太陽能電池。色素增感電池與蓄電池擁有部分相同的構造，因此也有研究賦予蓄電機能、可以儲蓄能量的太陽能電池。

●色素增感太陽能電池會由色素吸收光來激化電子。
●期待可以成為低成本的次世代太陽能電池，在國內外熱絡的研究著。

圖1 色素增感太陽能電池的構造與機制

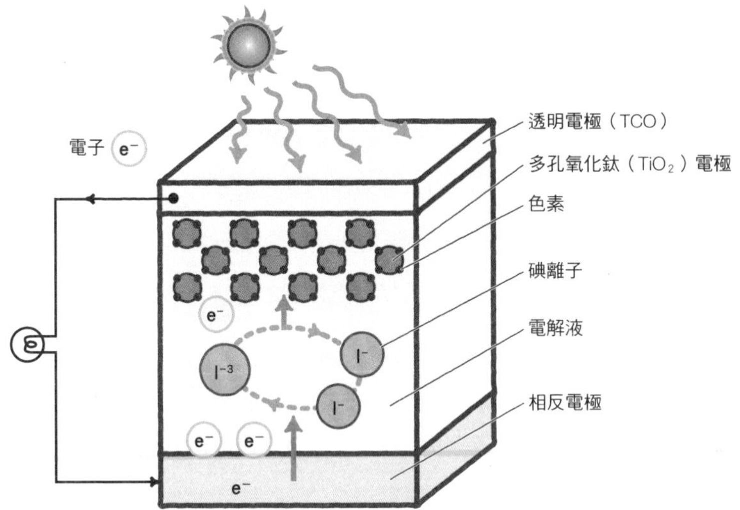

用光照射之後，附著在氧化鈦的色素就會接下能量，創造出自由電子。接著將電子傳遞給氧化鈦（色素增感）。失去電子的色素會從電解液之中的碘再次取得電子。

圖2 色素增感太陽能電池的意像圖

選擇不同的色素可以創造出各種顏色的太陽能電池。另外也能製作出各式各樣的造型。

用語解說

TCO → 能夠導電的透明氧化物，用來當作透明電極的材料。
多孔性（porous）→ 多孔性或滲透性的意思。

025 製法簡單生產成本低廉的有機薄膜太陽能電池

有機薄膜太陽能電池，是在吸光層使用有機化合物的太陽能電池，它與（024）的色素增感型一起被分類為有機類的太陽能電池。有機化合物長期下來被認為是無法導電的絕緣體，但卻由白川英樹博士研發出了具備導電性的有機材料：**導電聚合物**（高分子）。在具備導電性質的有機化合物之中，展現出半導體性質的部分類型，被稱為**有機半導體**。

太陽能電池，必須由p型（電子受體）與n型（電子施體）的半導體結合來成立，在有機薄膜太陽能電池的場合，p型一方為**有機半導體聚合物**（高分子）、n型一方則使用碳同位素的**富勒烯**C_{60}或是其衍生物。製造法非常簡單，只要將這兩種有機半導體混合溶化，塗在裝有電極的基板上透過乾燥來形成薄膜，最後在薄膜上形成背面電極的鋁就可以完成。有機高分子塗佈型的太陽能電池，不像矽這些無機太陽能電池一般p型與n型的領域有明確的區分，而是像圖2所顯示的，是兩者互相纏在一起的**成塊異質接面構造**。這是因為高分子半導體的載子（電子與電洞）擴散長度較短，只有兩個領域的界面會產生將光轉換成電的機能，被薄膜領域所吸收的光轉換成電的比率是微乎其微。

這種類型的太陽能電池，會在電子的受體一方（p型一方）使用高分子，電子施體的一方（n型一方）使用富勒烯衍生物，單片電池具有5%的能量轉換效率，多結的場合最高可得到6.5%的轉換效率。有機薄膜太陽能電池雖然在轉換效率跟耐久性方面還有必須克服的課題，但材料便宜且製作工程極為簡單，期待將可大幅降低成本。

●有機薄膜太陽能電池材料便宜，期待將可以大幅降低成本。
●使用電子受體與電子施體糾纏在一起的成塊異質接面構造。

圖1 有機薄膜太陽能電池的製造方法

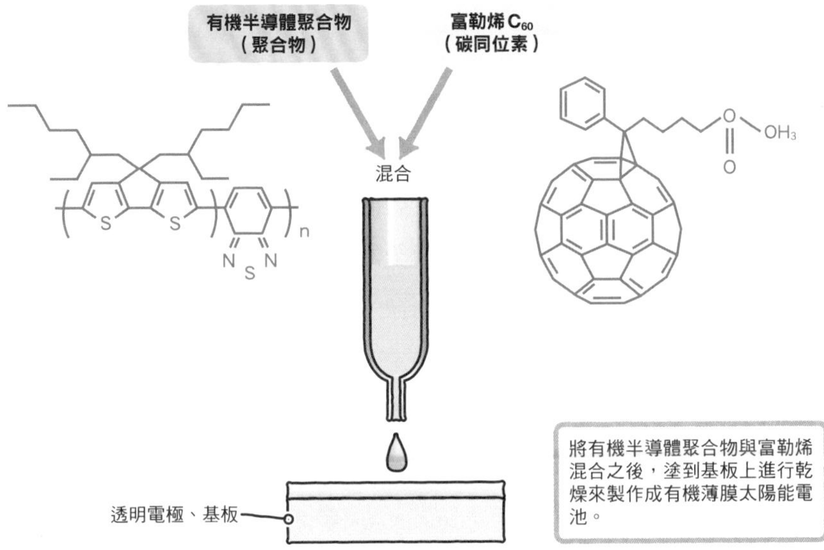

將有機半導體聚合物與富勒烯混合之後，塗到基板上進行乾燥來製作成有機薄膜太陽能電池。

圖2 有機薄膜太陽能電池的構造與機制

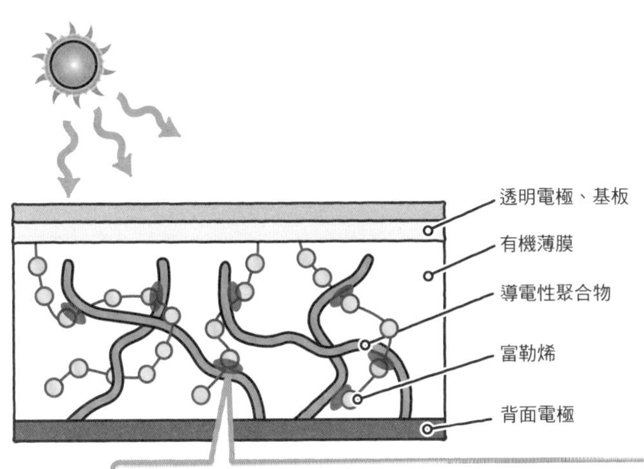

高分子與富勒烯相互糾纏，形成所謂的成塊異質接面構造，兩者的界面將會成為pn接合。

挑戰超高效率化的量子點太陽能電池

就如同（022）所提到的，單接合型太陽能電池的能量轉換效率，取決於使用材料的能帶隙的大小。比能帶隙更小的能量，也就是波長較長的光子，將無法被半導體吸收，反過來說要是比能帶隙更大的能量，也就是波長較短的光子射入，導帶中的電子與價電子帶中的電洞就會被激化，電子會在極短的時間內釋放出過剩的能量，然後在帶的底部穩定下來。為了突破這兩種現象所造成的理論性效率界限，設計出了多接合型太陽能電池。不過在此所介紹的**量子點太陽能電池**，並非將複數的pn接合重疊在一起，而是利用量子力學中電子身為波的特性，來形成新的吸光帶，藉此將廣大波長範圍的光能量轉換成電力，是擁有全新概念的太陽能電池。

量子點（量子箱、量子井）是可以用3次元的方式將電子關住的顯微尺寸的箱子，或著可以說是能量的凹陷，這個箱子每一邊的長度為10nm左右。改變尺寸的話吸收光的波長也會改變，小的箱子可以吸收波長較短的光、大的箱子可以吸收波長較長的光。這個量子點會在固體之中像原子一樣的存在，在井內形成斷斷續續的能階，電子的動能增加、能帶隙加大，吸收的光能量也會增加。另一方面，若是製造大量的量子點來排在一起使間隔縮小，量子點之間就會相互影響，形成新的吸光帶（Mini Band）。像這樣增加可以吸收的光波長，將可以涵蓋整個太陽光的光譜，大幅提高太陽能電池的能量轉換效率，推測將可以達到60%。目前還處於基礎研究的階段。

●量子點是將電子關閉在內的nm等級的細微箱子。
●量子點太陽能電池可以涵蓋廣大的太陽光光譜。

圖1 量子點的電子狀態

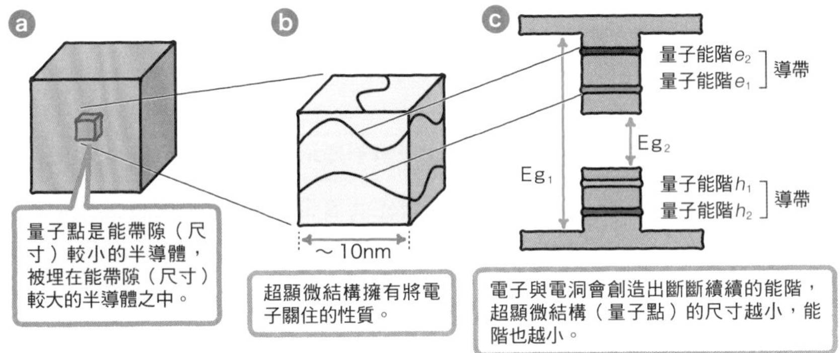

參考：佐藤勝昭「『太陽能電池』的基本」SoftBank Creative 2011年

圖2 量子點超晶格的電子狀態

a 量子點超晶格

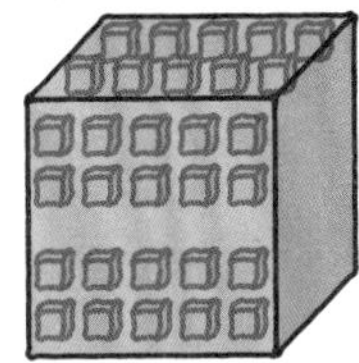

以超高密度來排列量子點，創造出量子點超晶格來引起相互作用。

b 量子點超晶格的吸光帶構造

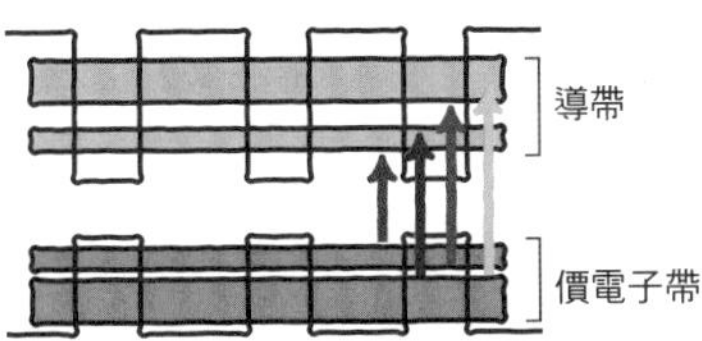

因為相互作用而產生更多能帶，讓可以吸收的光波長更為增加。

參考：佐藤勝昭「『太陽能電池』的基本』」SoftBank Creative 2011年

圖3 量子點太陽能電池的結構概念

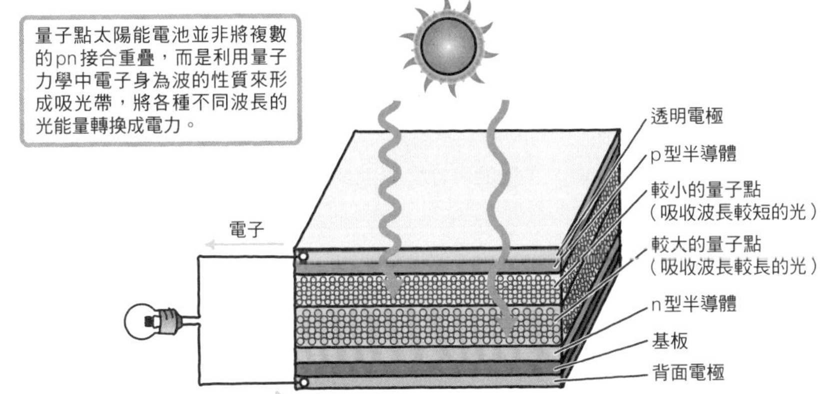

不會中斷發電的宇宙太陽光電系統

地球上的太陽能光電系統，在夜晚跟天氣不佳時不是無法產生電力，就是產量會大幅的下滑。為了克服這個缺點而提出的構想，就是**宇宙太陽光電系統**。在高度3萬6000公里（地球的半徑為6356～6378公里）環繞地球的同步軌道上，24小時都能捕捉到太陽光，只要在此設置巨大的太陽能電池，就能當作基載發電廠來使用。

宇宙太陽能電池的構想，於1968年由美國的彼得．葛雷西（Peter Glaser）首次提出，在70年代由NASA檢討實現的可能性。結果發現研發所需要的資金太過龐大，計劃也似乎因此而停擺。日本則是以宇宙航空研究開發機構（JAXA）為中心，著手進行宇宙太陽光利用系統（SSPS）計劃。

宇宙太陽光電系統最大的課題，在於怎麼將宇宙空間所得到的太陽光能量傳送到地表，對此，目前提出有2種解決方案。第一是將宇宙太陽光電系統所產生的電力，轉換成微波來傳送到地面，並在地面或海上設置天線來進行接收。缺點是用火箭將太陽能電池送到宇宙時，因為重量過高而需要龐大的發射成本。另一個方法則是將集中的太陽光轉換成雷射來送到地面上，用地面的太陽能電池模板接下之後轉換成電力。這個方法的裝置雖然較為小型，但卻有雷射被雲跟雨吸收的問題存在。另外還有提出發射複數小型發電衛星的太陽鳥計劃。目前正在地上進行實驗，檢討哪種方式最符合經濟效益，SSPS以2030年建造出1GW（100萬kW）等級的發電計劃為目標。

重點 Check!

●宇宙太陽光電系統可以24小時不斷的發電。
●將太陽能傳送到地面的方法，有微波跟雷射。

圖1 太氣圈外的太陽光光譜

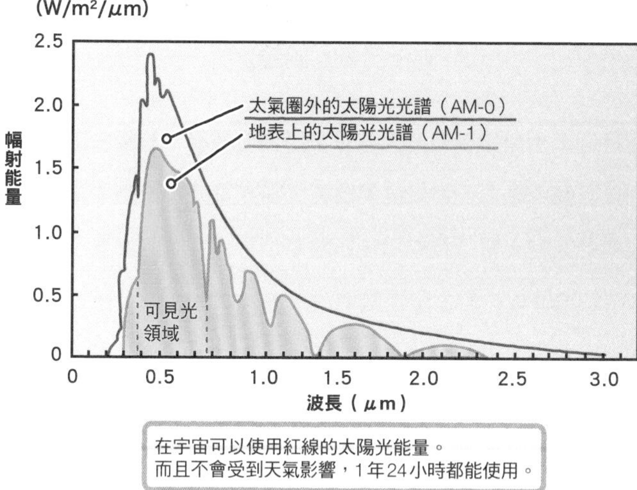

在宇宙可以使用紅線的太陽光能量。
而且不會受到天氣影響，1年24小時都能使用。

圖2 宇宙太陽光電系統的概念（微波式）

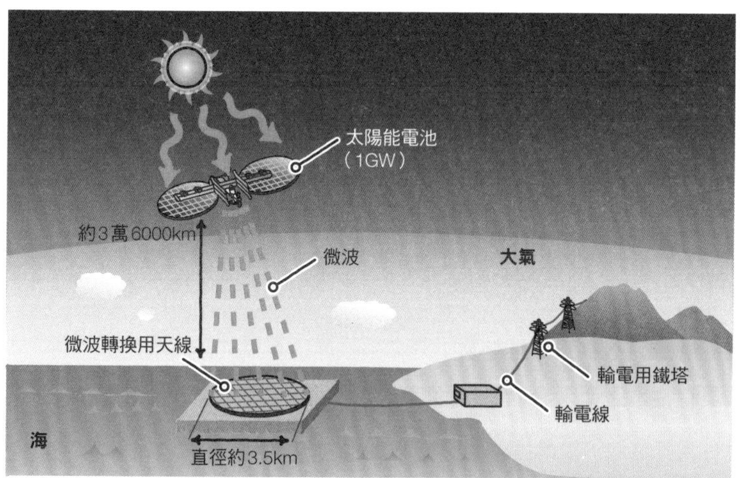

將宇宙產生的電力傳送到地面的方式，有將電力轉換成微波來發射到地面，再用微波轉換用天線變換成電力的方式，以及在宇宙將太陽光轉換成雷射來送到地面的方法。

大規模太陽光電事業的超級太陽系統

在此介紹最近漸漸開始普及的大容量太陽光發電廠：**超級太陽系統**。德國在Feed-in Tariff這個「電力公司以高價購買太陽光電系統所產生之電力」的系統下，讓大規模的太陽光電系統在田地跟牧草地等土地上開始普及。日本也有將功率1.2MW（1200kW）的太陽能電池設置在污水處理場蓋子上的案例存在。污水處理場必須加蓋來防止太陽光讓藻類發生，因此頂部會有廣大的空間可以利用。使用的太陽能電池為矽結晶或非晶體的類型。

日本大阪府堺市與關西電力在位於臨海地區的產業廢棄物處理場，建設有定格電力10MW（1萬kW）的大規模太陽光發電廠，於2011年9月開始運作。佔地面積21公頃，設置的太陽能電池模組高達7萬4000片。模組的規格為尺寸1×1.4公尺、輸出功率135W、解放電壓249V。1年的發電量大約是1100萬kWh，推測可以減少的二氧化碳排放量為每年4000噸。由太陽能電池所產生的電力會先由電力調節器轉換成440V的交流電，再用變壓器加壓到6kV（6000V），透過連繫用的變電設施轉換成22kV來輸送到石津川變電廠。

如同先前所提到的，太陽光電系統的輸出功率會隨著當下的陽光而產生劇烈的變化，有可能會破壞電力系統供應與需求上的均衡，導致電力品質下降。電力公司雖然用火力發電來調整供需上的均衡，但像超級太陽系統這樣的規模，必須要有蓄電設備來降低輸出的變化才行。堺太陽光發電廠在石津川變電廠內設置有鎳氫電池，以此進行與調整電力相關的實驗。

- **被稱為超級太陽系統的大容量太陽光電系統漸漸普及。**
- **2011年9月10MW規模的超級太陽系統在日本堺市開始運作。**

圖1 關西電力位於堺的太陽光發電廠（輸出功率10MW）

照片提供：關西電力股份有限公司

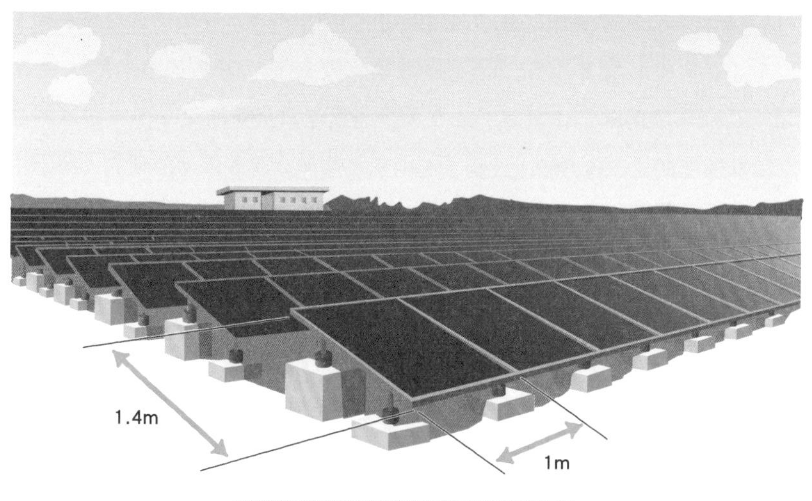

模組尺寸1×1.4公尺、共7萬4000片

COLUMN

太陽光電系統的總結

太陽光電系統透過「將太陽能電池模板裝設在家庭與大樓的屋頂，把光直接轉換成電力」的方式漸漸普及，是與我們最為接近的可再生能源技術。除了無人島跟燈塔、深山等地點之外，太陽能電池也被用來當作人造衛星的電源。理由是因為太陽能電池與柴油、渦輪發電機不同，不用燃燒燃料也不需要高速轉動，無需補充燃料與潤滑油，也不用散熱設備，所需的維修屬於最低等級，裝設在無人島等地點也沒問題。太陽光電系統另外還可以隨著裝設地點的環境狀況，自由改變發電規模，其中也有單一地點的發電量高達數萬kW的大規模發電廠（超級太陽系統）。

世界第一個使用半導體結晶的太陽能電池於1954年，在美國的貝爾實驗室被研發出來。當時記錄有6%的發電效率。然後被1958年發射的人造衛星Vanguard 1號用來當作電源，成為太陽能電池實用化的第一步。日本則是在1974年設立的「Sun-Shine計劃」之中正式展開太陽能電池的研究，研發主題為單結晶矽太陽能電池。之後在1980年研發出薄膜的非晶矽太陽能電池，被用來當作計算機的電源而大量流通在民生市場上，但身為供電用的太陽能電池必須要到1990年以後才會開始盛行。

現在除了單結晶矽之外，還有更為廉價的多結晶矽與非晶矽、單結晶與超高效率的堆積型非晶矽HIT太陽能電池，還有身為化合物薄膜太陽能電池的CIGS（銅、銦、鎵、硒）類也以供電目的而被實用化。

太陽光電系統普及上最重要的課題，在於降低成本與提高效率。成本方面最近漸漸出現下滑的傾向，但為了更進一步達成這些目標，也正努力研發次世代型的太陽能電池。

風力發電系統的一切

風力發電是將古老的技術翻新。

風力資源的利用，在抽水與製粉等機械動力的用途方面有著超過700年以上的歷史。

另一方面，風力發電出現於19世紀末期，進入21世紀之後急速的發展，

現在全世界風力發電的總輸出功率已經超過2億kW。

029 全世界所引進的風力發電持續增加

2011年9月的現在，全世界所引進的風力發電量總共為2億kW，相當於200座100萬kW的大型核電廠。就發電設施的比率來看雖然只佔3%，但每年的成長率都持續維持在20%以上。特別是在最近歐美新建的電源之中，風力發電佔了40%以上。持續以這個速度成長下去，到了2020年全世界的電力將會有12%是由風力發電來進行供應。為何風力發電的成長會如此快速呢？

現在我們人類面對有❶以全球暖化現象為首的環境問題、❷石油與天然氣等化石燃料枯竭的問題、❸能源自給率低，仰賴海外輸入的能源保全問題、❹產業活性化與創造就業的問題等4大課題。全世界的風力發電設備在進入21世紀之後飛躍性的增加，正是因為風力發電有助於解決這些問題。

風力發電從風取出能量來轉換成電力的機制，是用風車將風所擁有的動能轉換成機械性的扭力，然後用這份扭力來轉動發電機發電。因此風車相當於火力、核能發電之中的蒸氣渦輪，或是水力發電之中的水車（水力渦輪）。其他發電方式會讓渦輪在機殼中高速轉動，相較之下風力發電則是讓大型的風力渦輪裸露在大氣之中慢慢的旋轉。

就能源的觀點來看，風力擁有❶豐富、❷廉價、❸用不完、❹分佈範圍廣泛、❺環保、❻可再生等特徵。除了風力之外，沒有任何一種能源同時具備這6種優勢。因此風力發電將來應該也會持續性的增加。

●風力發電已經成為普通的電源，在全世界持續的增加。
●風力發電擁有豐富、廉價、環保等許多優勢。

圖1 風力發電增加的狀況

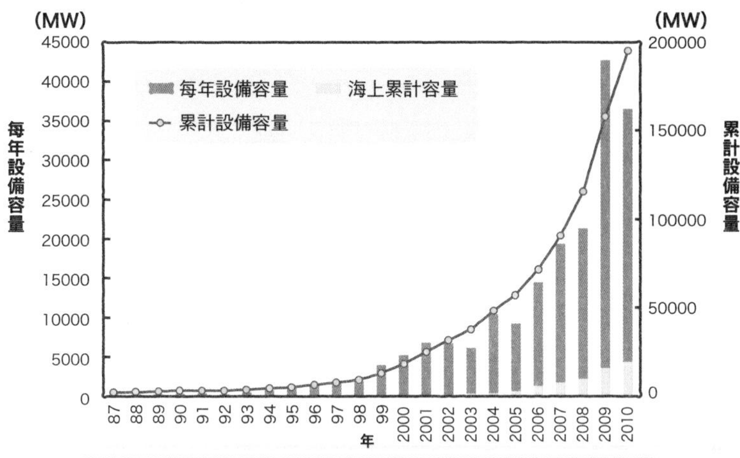

近年來，全世界所引進的風力發電設備出現急速的成長，累計設備容量超過2億kW。此外，海上風力發電的增加也值得注意。

圖2 比較風車、燃氣渦輪發電機、水力渦輪發電機

火力發電與核能發電

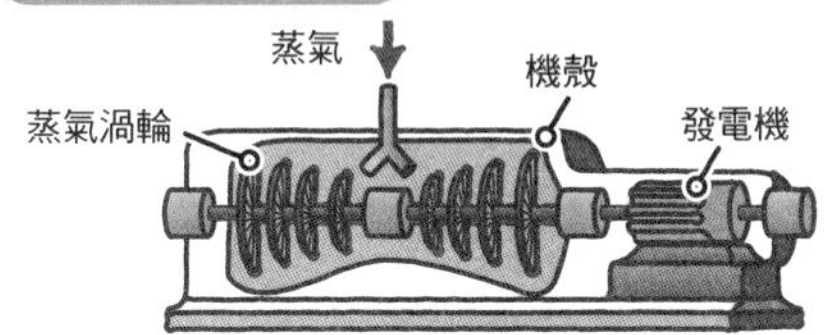

水力發電

火力發電、核能發電、水力發電等風力發電以外的發電設備，全都是在機殼內進行轉動。只有風力發電裸露在大氣之中，而且體積一年比一年龐大。

風力發電

典型的大型風車

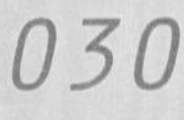

030 極為多元的風車種類與特徵

風力發電的歷史大約只有120年，但是將風車當作機械性動力的歷史卻相當古老，歐洲諸國從中世紀開始的700年以上，風車跟水車一起被用在抽水跟磨粉等多種用途上，因此風車的種類也極為多元。

在將這些風車分類時，會使用幾種不同的思考方式。若是用風車轉軸的方向來分類，可以像圖1這樣分成**水平軸風車**與**垂直軸風車**這兩大類。水平軸是風車轉軸與風向呈平行，垂直軸則是指直角形的風車轉軸。

另外則是可以用風車運作的原理或產生扭力（力矩）的原理，分成利用風車翅膀（風蓬）所發生的升力，以及利用推動風蓬所產生的阻力等種兩類型。一般來說，阻力型風車的**周速**（風蓬最前端的速度）無法超過作用在風車上的風速，相較之下升力型風車則可以用超出風速數倍的周速來旋轉。因此前者也被稱為低速型風車，後者也被稱為高速型風車。

（033）圖2所顯示的是各個代表性風車的能量係數（實際可從風車取出的能量）／風所擁有的能量與周速比（風車圓周速度／風速）的關係，這同時也代表著風車的性能。一般來說，使用阻力的多翼型風車與桶型轉子風車轉數較低、能量係數也小，但扭力係數較大，適合用來驅動泵。另一方面使用升力的螺旋槳型與打蛋形轉子風車，扭力係數較小但可以用高轉速得到較高的能量係數，適合用在發電。目前實用化的風力發電設備之中，不論規模大小都以螺旋槳型佔絕大多數。

●風車種類極為多元，可區分為水平軸風車、垂直軸風車等類型。
●機械性的動力會使用阻力型，發電則會使用升力型的風車。

圖1 風車種類

水平軸風車

帆翼型風車

荷蘭風車

多翼型風車

單翼式風車

螺旋槳風車

3翼式風車

垂直軸風車

槳型風車

桶型轉子風車

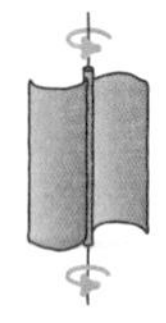

交叉流風車

打蛋形轉子風車

Gyro-mill風車

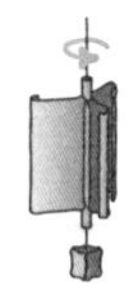

S型打蛋形轉子風車

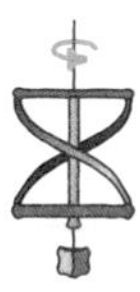

圖2 風車的分類

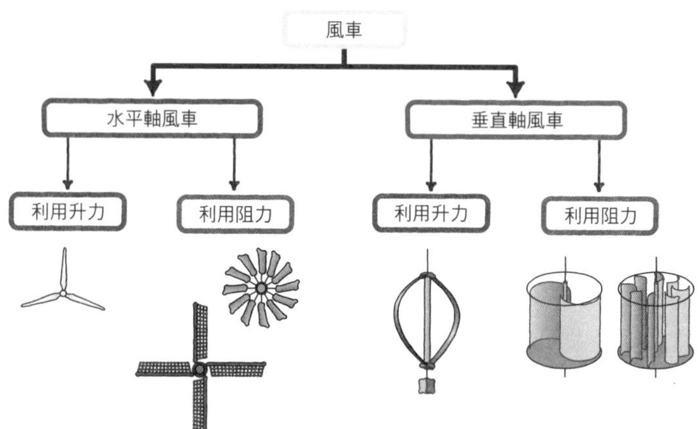

風車可以用轉軸方向來分成水平軸風車與垂直軸風車，或按照運作原理分成利用升力或利用阻力的類型。

031 風力發電120年歷史的概要

歐洲諸國從大約700年前就開始使用風車，但一直要到19世紀最後，風力發電才會登場。當時飛機的研究進行得非常熱絡，成功實現利用升力的高速型風車，取代荷蘭風車等利用阻力的低速風車。另外則是以1891年法拉第所發現的電磁感應原理為基礎發明了發電機，在產業活性化等社會背景的影響之下，創造出電力的需求。

根據英國的記錄，詹姆士．布萊斯在1887年用跟魯賓遜風速計一樣擁有4片巨大受風袋的垂直軸風車，以3kW的功率進行發電。美國則是在1888年由查爾斯．F．布萊許用直徑17公尺、風蓬數量高達144面的巨大多翼型風車以12kW發出直流電。而法國雖然在1887年由夏爾．德．葛淮恩以直徑12公尺的美國製多翼風車進行發電實驗，但卻以失敗收場。這3位人物的風力發電，就時期來看雖然都比1891年的保羅．拉．庫爾要來得早，但全都是用阻力型的低速風車來轉動發電機，而且都只製造一台。

相較之下丹麥的拉．庫爾不但在阿斯科設立風力研究所，還透過風洞有系統性的研究風車，發明出給風力發電使用的高速型風車。更進一步的他還推動農村的電力化，為丹麥打下風力發電王國的基礎，被稱為「風力發電的創始人」。

進入20世紀之後，風力發電只由丹麥農村地區持續性的使用。一直要到環境問題開始浮現台面的1990年代之後，全世界才會正式開始引進風力發電。

●拉．庫爾研發出利用升力的風力發電風車。
●丹麥的農村持續性進行風力發電。

圖1 保羅·拉·庫爾的世界第一台風力發電機

拉·庫爾有系統性的研究風車，研發出利用升力、適合風力發電的高速型風車，之後組織性的推廣風力發電。

圖2 早期進行風力發電的三人所使用的風車

美國、法國、英國的先驅所使用的風力發電機

1887年
夏爾·德·葛淮恩

1888年
查爾斯·F·布萊許

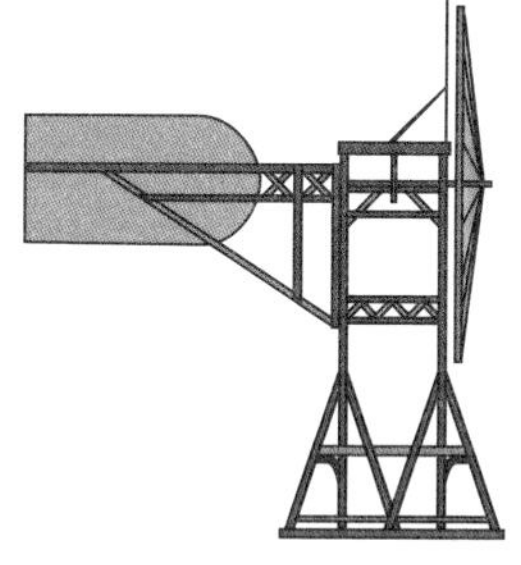

1887年
詹姆士·布萊斯

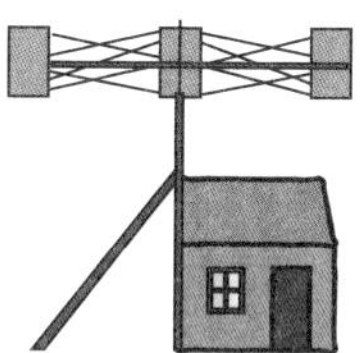

比拉·庫爾更早一步進行風力發電的3人所使用的風車，3者都是利用阻力的低速型，效率不高也沒有更進一步的發展。

032 風車為什麼會轉動？

風車跟水車一樣，是人類最為古老的發動機，種類與數量都相當龐大。其運作原理雖然無法直接由肉眼確認，但一律都是透過**升力**或**阻力**來利用風所擁有的動能。

相信大家都曾經撐傘往風吹過來的方向前進，結果被推回來的經驗。我們可以透過這個現象，來直覺性的了解阻力是什麼。風推動物體的力量為**推力**，對於升力所產生的反作用力則是阻力。在這個場合阻力也可以算是風的動壓，與風速的平方呈正比，也跟被風吹動的物體的受風面積成正比。而就算受風的面積相同，也會因為受風面的造型而讓阻力的大小產生變化。比方說圖1半圓筒形的凹面，阻力會是凸面的2倍左右，所以才有辦法轉動。但阻力型的風車無法轉得比風速更快，因此轉數低、效率頂多也只有15%左右。

另一方面，升力是讓物體上升的力量。若是讓風吹在像圖2這種截面造型有如機翼一般的風蓬上，翼面上方的氣流就會流動的比下方快。根據能量守恆定律「速度的平方與壓力的和不變」，在氣流較快的翼面上方的壓力，會比氣流較慢的翼面下方要低，讓風蓬得到往上升的力量。

當風車的風蓬被風吹動，風蓬就會被風往前推，因為阻力而開始轉動，一旦轉動之後就會出現升力。這份力量會讓風蓬更進一步加速來提高轉動的速度。按照這個原理，螺旋槳風車與打蛋形轉子風車等升力型風車，可以用高速轉動來得到較大的升力，也因此適合用來發電，現在甚至出現有效率高達50%以上的風車。

- 風車的種類雖然多元，但運作原理不是阻力就是升力。
- 螺旋槳風車與打蛋形轉子風車等利用升力的風車，可以發揮高效率。

圖1 阻力型風車的運作原理

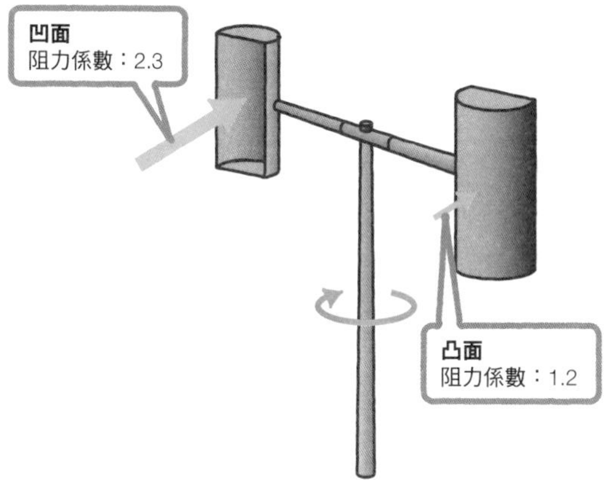

阻力型風車，在受風部位的凹面比凸面有更高的阻力係數，會承受較大的力量，利用這個阻力的落差來得到旋轉的力量。

圖2 升力型風車的運作原理

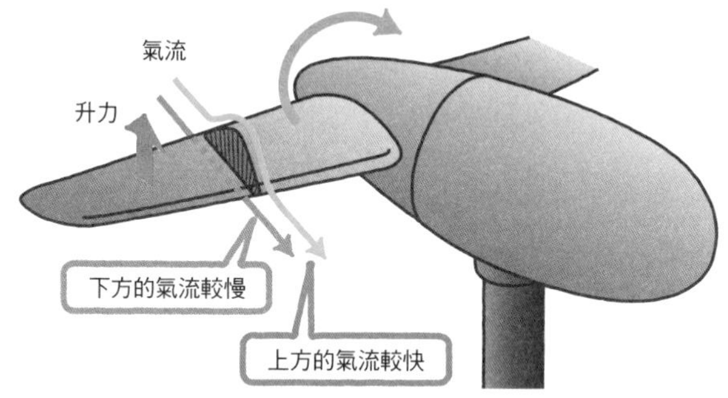

升力型風車會使跟飛機上升同樣的原理，旋轉速度比利用阻力的風車要快，適合進行風力發電。

033

風可以讓人取出多少的能量？

自然風之中能夠由風車取出的能量，是通過風車旋轉面的風所擁有的動能的流動。假設風車旋轉面的面積為A、風速為V∞，空氣的密度為P，那理論上風所擁有的能量P_{th}就可以用以下的公式來表現。

$$P_{th}=\left\{\left(\frac{1}{2}\right)\rho V_{\infty}^{2}\right\}AV_{\infty}=\left(\frac{1}{2}\right)\rho AV_{\infty}^{3}$$

也就是說「風所擁有的能量，與空氣密度跟受風面的面積成正比，跟風速的3次方成正比」。可是若是用風車將風所有的能量全都取出來的話，則代表風車後方的空氣會完全停止流動，使氣流完全消失，就物理的觀點來看不可能發生。

有關於風車可以從風之中取出多少能量，進入20世紀之後，在船隻螺旋槳推進器的研究與飛機空氣動力學的研究之下，有幾位學者進行發表。根據他們的研究，風車能從自然風之中取出能量的最大值，是風所擁有的動能的59.3%。最早進行發表的是英國學者F・W・藍徹斯特，但當時正處於第一次世界大戰的混亂之中，戰後在1922年進行發表的德國學者A・貝茲比較廣為人知，因此一般也被稱為**貝茲係數**。俄羅斯航空之父茹科夫斯基也發表59.3%這個數字，但他的學生G・H・薩皮尼的發表則是68.7%，因而受到矚目。

就如同研究結果所顯示的，風輪所造成的能量損失非常龐大，目前不斷的在努力研究高性能的風車，想要盡可能降低這個損失。特別是發電用的高速風車，在20世紀航空工學的發展之下，受到了很大的影響。

●貝茲係數是風車性能界限的指針。
●薩皮尼提出比59.3%更高的數據。

圖1 貝茲與薩皮尼

德國空氣動力學的學者貝茲與俄羅斯空氣動力學的學者薩皮尼，分別以獨自的假設來發表最大能量係數。

圖2 各種風車的性能曲線

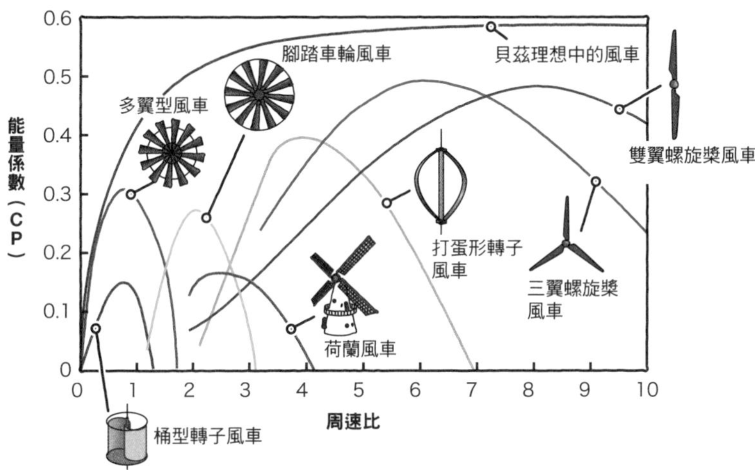

能量為扭力跟轉數的積，低轉速風車周速較低，因此能量係數也比較低，高轉速風車則擁有較高的能量係數。

用語解說

能量係數→風所擁有的能量之中，風車所能取出的能量比率。
周速比→風車風蓬前端的周速度與流入風速的比。

034 風的能量與風車能量曲線的關係

用風車取出自然風所擁有的能量時，其能量會與空氣密度以及承受風的面積成正比，同時也跟風速的3次方成正比。

因此風車的能量會隨著風速變化，突然增加或減少。也就是說，風速2倍的話輸出功率就會成為8倍，風速降到2分之1的話輸出也只剩下8分之1。另外，風車所承受的風若是從較低的風速漸漸增加，則風車輸出的功率會與風速的3次方成正例來往上攀升，一直達到輸出功率的上限。達到最高功率之後如果風速持續增加，而又無法讓輸出功率維持一定的話，則會導致發電機短路。

圖1顯示風力發電系統的風速與風車能量的關係。一般來說，在各種有可能出現的風速之中，整年下來最能有效取出能量的風速，稱為**定格風速**，這將是風車所能得到的最大輸出功率。一般能夠對應的是12～14m/s的風速。要是風力持續增加的話，則會改變風車扇葉的角度來減少受風面積，避免承受超出定格風速的風量。

另一方面，讓風力發電系統開始進行發電的風速，稱為**啟動風速**。在颱風或2～3月風力較強的時候，為了確保安全讓風車停止運作的風速，稱為**切出風速**。一般來說啟動風速為3～5m/s、切出風速則設定為24～25m/s。從定格風速到切出風速之間，是風車可以發揮最高功率（定格功率）的速度，但一般大多會以定格風速以下的風速來運作，據說只會產生低於最高功率的電力。

●風車的功率會以風速的3次方為比例來增減。
●風車無法產生定格功率以上的電力。

圖1 風車的能量曲線圖

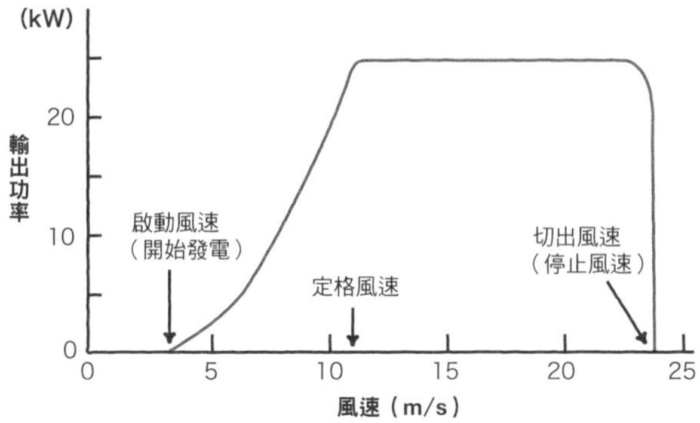

風車會在啟動風速開始發電、在定格風速達到最高輸出功率（定格電力），颱風等強風時遇到切出風速而停止運作。

圖2 風車的扇葉調整機構

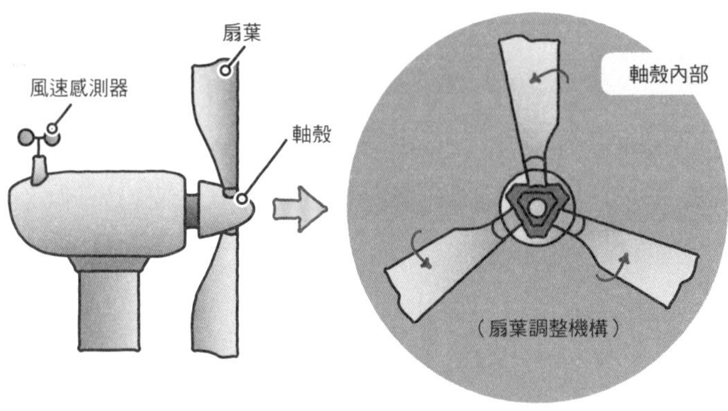

有效對應風速的變化，為了保障強風時的安全性，會按照風速感測器的信號來自動調整扇葉的俯仰角度。

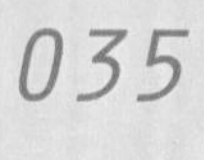

風力發電系統基本要素的組成範例

目前風力發電系統所使用的大型風力發電裝置之中，最為一般的類型為**螺旋槳式風車**，在此簡單說明它的組成要素。

❶**塔柱**（Tower）一般的高度為50～100公尺。高空所吹的風比地表要強，風速也比較穩定。塔柱內部有輸送電力用的電線，以及用來爬到機艙的簡易樓梯。❷**機艙**（Nacelle）內部有加速機與發電機等風車本體的零組件。為了方便維修，會設有可以讓人進入的空間。❸**扇葉**（Blade）大型風車一般是以3片為主，為了減輕扇葉的重量，選擇GFRP（玻璃纖維強化塑膠）來當作材料，並將內部掏空。❹**軸穀**（Hub）扇葉轉軸的部分，可以調整扇葉角的風車，會將調整用的機構裝在此處。❺**加速器**，將風車的低轉速運動，提高到發電機所需的高轉速運動。另外也有不使用加速器，直接用風車較慢的轉速來驅動多極式發電機的**直接驅動**（Direct Drive）**型**。❻**發電機**，大型風車會採用輸出功率從數百kW到3000kW左右的類型，以一般家庭為對象的場合，1座大型風車可提供數百到2000戶家庭所需的電力。❼**擺動用馬達**，為了讓風車的旋轉面隨時都可以朝向風的方向，會透過這個控制用馬達連同機艙一起進行擺動。❽**控制裝置**，配合風速與風向來調整風車的俯仰、對發電機與控制用馬達下達指示的電腦。

●風車款式以3片扇葉的螺旋槳型為壓倒性的主流。
●風車會隨著風速與風向來自動進行控制。

圖1 螺旋槳型風力發電系統的組成範例

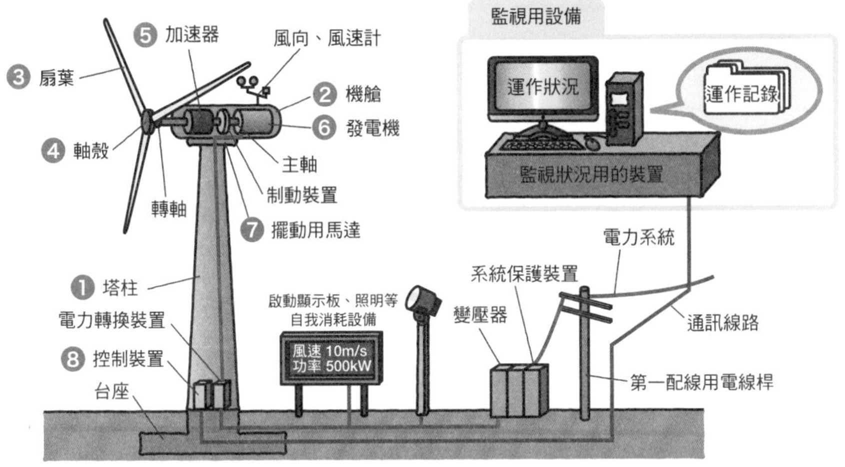

在此顯示的是可以獨立運作的一般風力發電系統的構造，風力發電廠設置有大量的風車，會將輸出的電力集中在一起用單一的變壓器來連接到電力系統。

圖2 風車機艙內部，附帶加速器的感應發電機的設計

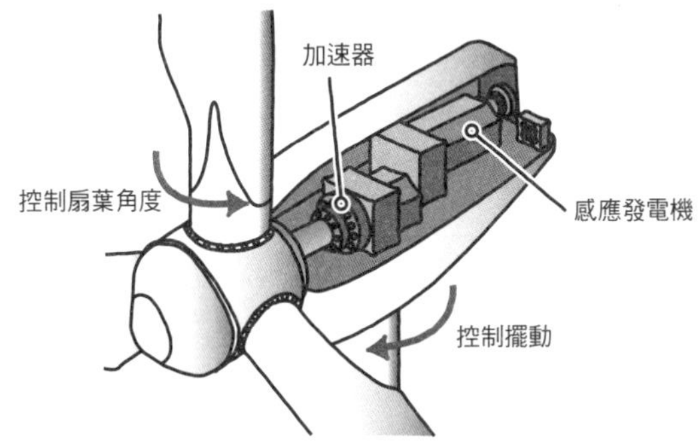

風力發電機之中成本最為低廉、普及程度最高的，是這個內部裝有加速器與感應發電機的類型。海洋上的超大型風車的場合，齒輪式加速器會變得太過龐大而產生界限。

036 風車用發電機的系統與其特徵

風力發電所使用的發電機，19世紀末到20世紀前半，美國等地區沒有電力的農場會使用充電電池蓄電，而小型地方團體則是使用輸出功率較小的直流發電機。

在二次大戰之後輸出功率的規模變得越來越大，開始採用透過交流發電的**系統連繫**（與商用電力連接）方式。圖1是目前風力發電裝置所使用的發電機的種類與特徵。在20世紀末的全球市場上，1000kW左右的中型機種較多，主流為❶齒輪式鼠籠型感應發電機、❷齒輪式繞線型感應發電機（摩擦變速）。但進入21世紀之後隨著主力機種的大型化，功率增也跟著加到2000kW以上，在盡可能降低功率變化的要求之下，❸齒輪式捲線型感應發電機（2次勵磁變速）、❹答雷斯多極同步發電機（變流器變速）等兩種類型漸漸成為主流。

最近則是出現使用❹的6000kW超大型機種，在2002年開始運作。❷的5000kW機種也在2005年開始運作。有關其他機種的動向，❶在輸出變化與效率上出現問題，使用永久磁鐵的類型在散熱跟價格方面的問題越來越是明顯，使用數量也變得越來越少。不過❶的機能單純、廉價，而且有利於山區的運輸，今後應該也會在1000kW以下的範圍維持一定的需求量。

下一頁會將目前主要機種的❶、❷、❸、❹在電力上的特徵整理成表格。

●風力發電裝置會使用各種不同的發電機。
●小型風車會用交流電發電，整流之後輸出成直流電。

圖1 各種發電機

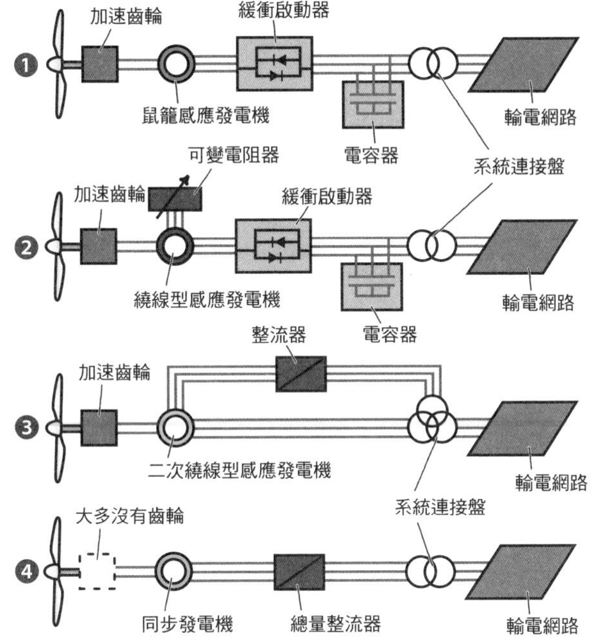

類型	運作方式	發電機	優點	缺點
❶	定速	鼠籠型感應發電機	廉價、構造簡單、堅固	電壓閃爍不定、無法調整電力、低效率
❷	變速	繞線型感應發電機	可調整出理想的功率	整流器尺寸較大、昂貴
❸		二次繞線型感應發電機	可調整出理想的功率、整流器構造精簡	速度範圍的限制、昂貴
❹		同步發電機	可調整電壓與輸出功率、無齒輪、高效率、堅固、自我勵磁	必須搭配總量整流器、發電機結構複雜、極為昂貴

引用：Hansen & Hansen 2007

大型風力發電系統會按照風車形狀與發電機種類來做出不同的組合方式，選擇時會考慮到能量轉換效率、成本、對於電力系統的影響、可信賴性與維修性、利弊與得失等各種條例。

用語解說

電容器（Capacitor）➜電容器是蓄電用的裝置，特別是雙電層電容器，在輸出密度與充滿所需的時間、循環性等方面都相當優秀。

037 世界風力的潛能

風的能量會與風速的3次方成正比來增加，為了提高風力發電的經濟效益，必須盡可能將風車設置裝在風況良好的地點，一般所認定的基本指標為每年平均風速6m/s以上。

調查全世界陸地上每年平均風速的分佈狀況，會發現特別是在美國東海岸與中西部、英國、阿根廷南部、澳大利亞海岸、南非等地區有著適合風力發電的良好風況。

歐洲可以引進的風力發電量，由歐洲經濟區（EEA）試算出了表1的結果。就算採用以經濟效益為優先、限制條件最為嚴苛的計劃案，陸地與海上合在一起也能在2030年的時間點實現3萬400TWh的發電量。相當於歐洲當下電力需求的7倍，是極為龐大的數字。

在美國則是如同表2所顯示的，地面上可以引進7834GW的風力發電量，這是2007年美國整體發電容量（1039GW）的大約7.5倍。關於海上風力發電，雖然與陸地相比發電成本較高，但試算之後發現在淺水地區依舊可以用10～13分/kWh（約11～14日元/kWh）左右的成本，引進1261GW的發電量。

地球上可以使用的可再生能源之中，風所含有的能量有著非常龐大的潛能，而且遍佈於整個世界。是否能活用這個含量豐富的風力資源，可說是解決世界能源問題與環境問題的重要課題。特別是在歐洲，陸地上適合的土地變得越來越少，今後海上風力發電的規模應該會越來越大。北海地區距離不遠且淺水域相當的多，是相當有利的地理環境。

●歐洲風力發電的潛能，是2030年電力需求的7倍。
●美國風力發電的潛能，是2007年電力需求的7.5倍。

表1 歐洲所能引進的風力發電量

計劃案	可引進的發電量		需求比
全力引進的計劃案（Technical potential）	2020年	70000TWh（陸地：45000TWh、海上：25000TWh）	17～20倍
	2030年	75000 TWh（陸地：45000TWh、海上：30000TWh）	17～18倍
考量到環境與社會條例限制的計劃案（Constrained potential）	2020年	41800 TWh（陸地：39000TWh、海上：2800TWh）	10～12倍
	2030年	42500 TWh（陸地：39000TWh、海上：3500TWh）	10倍
考量到經濟競爭力的計劃案（Economically competitive potential）	2020年	12200 TWh（陸地：9600TWh、海上：2600TWh）	3倍
	2030年	30400 TWh（陸地：27000TWh、海上：3400TWh）	7倍

引用："Europe's Onshore and Offshore Wind Energy Potential"（2009, EEA）

運用風力已經有相當一段歷史的歐洲諸國，引進風力發電的動向也非常熱絡，計劃將在2020年用可再生能源供應歐洲諸國所需電力之20%（其中風力佔12%）。

表2 美國所能引進的風力發電量

引進的可能性		備註
陸地	7834GW	美國整體發電量的7.5倍左右 發電成本：8.5分/kWh以下
海上（淺水區）	1261 GW	發電成本：10～13分/kWh左右
海上（深水區）	3177 GW	發電成本：13～17分/kWh左右

引用"20 PERCENT WIND ENERGY PENETRATION IN THE UNITED STATES"（2007, Black & Veatch）

美國所擁有的陸地風力發電的潛能極高，海上淺水地區也具有充分的經濟性。特別是在歐巴馬總統的A Green New Deal政策之下，公佈將在2030之前用風力發電提供美國電力需求量的20%，引進風力發電的動向將會越來越熱絡。

038 日本風力的潛能

就日本的風況來看，陸地上每年平均風速超過6m/s的地區雖然不多，但以北海道跟北東北、九州等沿岸地區為中心，有著良好的海上風況。關於日本引進風力發電的可能性，在日本環境省與風力發電協會（JWPA）考慮到各種社會條件與風速狀況，進行詳細的試算之後得到**表1**的結果。根據JWPA的試算日本的風力潛能為78萬2220MW，是2008年度日本所有發電設備容量的大約4倍。

另一方面，根據環境省的「2010年度可再生能源引進潛能調查報導書」，風力發電在陸地上有282GW、海上有1573GW的龐大潛能，是可再生能源之中最有潛力的候補。從圖1之中可以明顯的看出，風力資源的賦存量有很大的區域性落差，北海道、東北、九州地區的潛能最高。在北海道電力公司的管區內佔有49%、東北電力的管區內佔有26%、九州電力的管區內佔有7.9%，3個地區（3家電力公司的管區）加在一起總共佔全日本的82%。

而有關海上風力發電，在九州電力的管區內有29%、北海道電力管區內有26%、東北電力的管區內有14%，3家電力公司的管區共佔整體的69%。如果在設計之中另外加上山區的運輸手段與輸電線的距離，則會成為不同的試算結果。

JWPA另外還發表（*040*）**圖1**所顯示的一直到2050年的風力發電引進路線圖，計劃將在2050年以風力發電來提供整體電力需求的10 %，具體發電量則是2020年為1100萬kW、2030年為2700萬kW、在2050年為5000萬kW。

●北海道、東北、九州地區的風力潛能佔日本全國的82%。
●實際的引進量，會在輸電線的距離等實際條件的影響之下變動。

表1 風力潛能的試算結果

	日本風力發電協會的試算	日本環境省的調查
陸地	168,900MW*	282,000MW*
海上（固定式）	93,830MW*	310,000MW*
海上（飄浮式）	519,490MW	1,143,000MW*
合計	782,220MW	1,855,000MW*

＊包含已經開發的部分（約2000MW）在內

引用：『風力發電的資源含量與潛能、以此為基準的長期引進路線圖（Ver.2.1）』（日本風力發電協會 2010年）
『平成21年度 可再生能源引進潛能調查』（日本環境省 2010年）

JWPA所試算的風力潛能與日本環境省的調查結果之所以不同，在於計算上先決條件的不同，其中又以海上風力發電的落差最大。

圖1 各家電力公司管區內所能引進的風力發電之最大潛能

數據為設備容量（萬kW）。環境省報告書

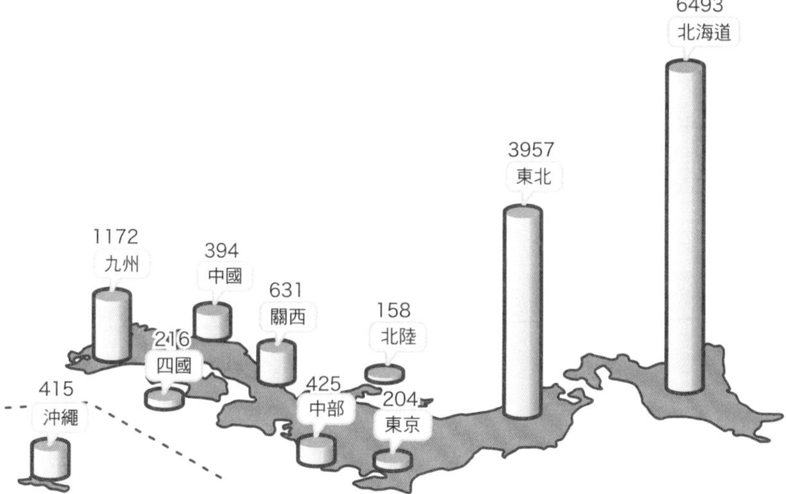

從所能引進的最大發電量來看，尤其是北海道電力公司與東北電力的管區內，有著大幅超出該電力公司設備容量的資源含量。

用語解說

賦存量→理論上可計算出來的潛在性資源含量、也稱為Potential（潛能）。

039 主要國家的風力發電引進目標與實績

表1所顯示的是歐洲跟美國在所有可再生能源中，預定引進的風力發電量的目標。

●歐洲的引進目標

歐盟在2007年決議，要在2020年將歐盟整體所使用的可再生能源所佔比率，提高到總能源消耗量的20%。歐洲可再生能源評議會著手計算達成這個目標所需的每種可再生能源每的負擔程度（發電量），預測在2020年將由風力發電提供477TWh的電力。這個數字相當於2020年歐洲電力總需求量預測值的3914TWh的12%。另外在實現低二氧化碳排放社會的研發戰略「歐洲能源技術戰略計劃」之中，則是提出更高的目標，預定在2020年用風力發電來供應歐盟消耗電力總量的20%。

●美國的引進目標

美國整體雖然沒有提出預定引進的目標，但由29州的州政府引進了**RPS制度**，規定電力公司必須在總發電量之中使用一定比例的可再生能源，由各公司分別引進可再生能源來達成這個目標。另外在歐巴馬總統所提出的「New Energy for America」計劃之中，可再生能源於總耗電量之中所佔的比率，預定在2012年提高到10%、2025年提高到25%。美國能源部則發表是否能在2030年之前，用風力發電提供美國總耗電量20%的技術檢討報告書（20% Wind Energy by 2030）。

●歐洲計劃在2020年用風力發電提供總耗電量20%的電力。
●美國預定在2030年用風力提供總耗電量20%的電力。

表1 歐洲及美國的可再生能源及風力發電引進目標

	引進目標等	
	可再生能源總量	**風力發電**
歐盟	• 在2007年決定，於2020年之前將可再生能源提高到歐盟總能源消耗量20%的量。 • 2009年在「可再生能源引進促進歐洲指令書」之中，設定達成上述目標的各國分擔責任。	• 歐洲可再生能源評議會進行試算，達成左邊目標的風力發電引進量為2010年176TWh、2020年477TWh。 • 在歐洲能源技術戰略計劃（SET-Plan）之中，將目標定為在2020年以前用風力發電來提供歐盟電力消耗量的20%。
美國	• 許多州在電力部門採用可再生能源使用義務（RPS）制度。歐巴馬總統提出在2025年之前引進25%的聯邦RPS制度。 • 歐巴馬總統所發表的「New Energy for America」，預定在2012年將來自於可再生能源的電力比率提高到12%、2025年提高到25%。	（※引進狀況的預測） • 從技術觀點檢討在2030年用風力能源生產美國總耗電量20%的可能性。提出在2030年風力發電的設備容量分別達到304.8GW、1200TWh的計劃。
參考 IEA[11]	• 以全球規模來推廣主要的降低二氧化碳排放量的技術，策畫各種技術到2050年的路線圖。	（※引進狀況的預測） • 在未來能源技術展望（Energy Technology Roadmap）的Blue Map計劃之中，預測在2050年累計2000GW、每年發電量則達到5200TWh（全球總發電量的12%）。

"Technology Roadmap Wind energy"(2009,IEA)、Directive 2009/28/EC on the promotion of the use of energyfrom renewable source and amending and subsequently repealing Directive 2001/77/EC、"Renewable Energy Technology Roadmap 20% by2020"(2008,EREC)、DSIREホームページ(http://www.dsireusa.org/)、"New Energy for America" (2009,Barack Obama and Joe Biden)、

040 日本風力發電的引進目標

日本對於風力發電的引進目標，是由（行政法人）新能源產業技術總合開發機構（NEDO）或像（038）的表1這樣由日本環境省、日本風力發電協會（JWPA）等機關來進行試算。但彼此秉持的前提條件不同，因此也提出了不同的計算結果。比方說風車的尺寸，在「長期能源需求預測」（經濟產業省）之中為1000kW，但在NEDO則是陸上1000kW、海上1260kW，JWPA則是陸上海上都假定為2000kW。設置風車的場所也是一樣，在「長期能源需求預測」之中只以陸地為對象，JWPA則是將自然公園列入裝設場所之中等等，結果形成了不同的引進目標。

NEDO在「風力發電使用率促進委員會的風力發電路線圖檢討結果報告書」（2005年3月）之中，將2020年的引進目標定為10GW、2030年定為20GW。並以實績為基準，推測2020年陸上風力發電將是6.2GW、海上風力發電則是固定式1.2GW、飄浮式2.6GW，前提是此時已經完成系統穩定化所需的技術。內部數據則是在2030年假定低風速風車若是引進有0.8GW，則有陸上風力發電會增加到7.0GW、海上固定式增加到3.0GW、飄浮式增加到10GW。這些資料都屬於保守性估計，隨著日後技術的發展，有可能得到更高的成果。

另外，JWPA就如同圖1所顯示的，在2008年與2010年所公佈的路線圖之中，提出2020年8～12GW、2030年13～28GW等較高的目標，最後還在新能源財團2010年度的發言中提出，將在2050年用風力發電生產日本總電力需求之10%的電力。

由於日本陸地上適合裝設風車的地點有限，估計今後將會活用世界排名第6的經濟海域，以海上風力發電為主來推動計劃。

●各個機關試算出來的引進目標因為先決條件的不同而出現差異。
●JWPA提出了相當有野心的目標。

圖1 風力發電引進目標

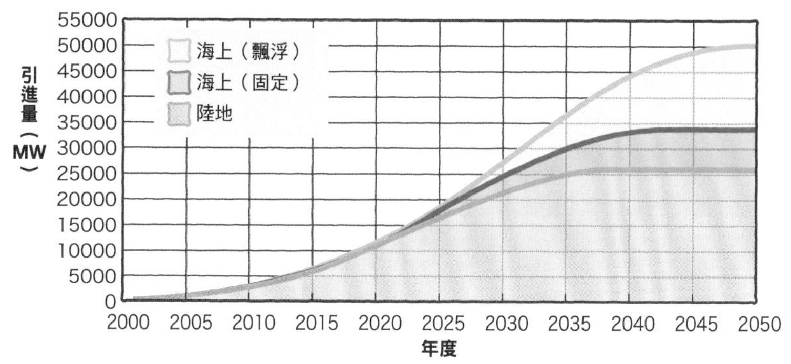

根據這個圖表，海洋風力發電的引進狀況將在2025年開始變得熱絡，在2050年由風力發電來生產總電力需求10%以上的電力。

圖2 NEDO的風力發電路線圖所預測的將來的發電成本

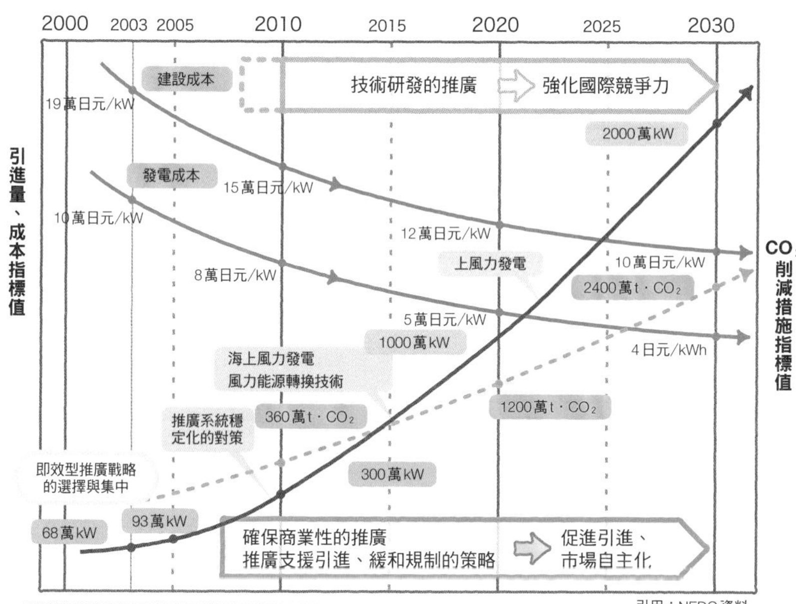

引用：NEDO資料

根據NEDO所發表的風力發電路線圖，2030年風力發電引進量的增加與發電成本的降低，就如同這張圖表所顯示的一般。

041 風力發電系統的價格

就目前來看，風力發電已經完全成為一般發電設施的其中一份子。在2008年新引進的發電設備之中，歐盟有35%以上、美國則是有42%以上為風力發電。而中國與印度也正迅速引進風力發電，證明了本系統已經成為價格低廉的實用性電源。

在日本的可再生能源之中，風力發電一樣屬於成本較為低廉的類型，但是跟歐洲與中國、印度相比還是較為昂貴。就如同圖1所顯示的，大型風力發電裝置的標準價格為25 ～30萬日元/kW，不過2008年世界性經濟局勢不穩定所造成的原物料高騰已經漸漸緩和，大型風車的成本在往後應該會有降低的趨勢。

一般來說降低工業製品成本的主要因素，來自大型化的規模利益與大量生產的量產效應。但在風車的場合，包含建設在內的整體成本雖然會下降，但機械部分的成本反而會增加。市場對於風車的需求越來越是龐大，再加上扇葉的輕量化與調整控制用的技術研發等等，今後也將持續降低負荷來克服造價上的難題。

隨著使用數量的增加而進行大量生產，今後風車的價格會更進一步的下滑。日本國內已經在太陽光電系統採用定價收買電力的制度，要是同樣的法律也能用在風力發電上，國內的風車市場也會出現迅速的成長。再加上現在是全球化的時代，就算國內市場較小，也可以外銷到秉持A Green New Deal政策，預定在2030年用風力發電製造總消耗電力20%的美國，藉此來降低成本。日本也在NEDO所提出的風力發電路線圖之下，有著2010年15萬日元/kW、2020年12萬日元/kW的目標。

●風力發電的成本降低，已經成為實用性的電源。
●必須進行大型化與量產、輕量化、內部掏空才能降低發電成本。

圖1 風車的大型化與成本的降低

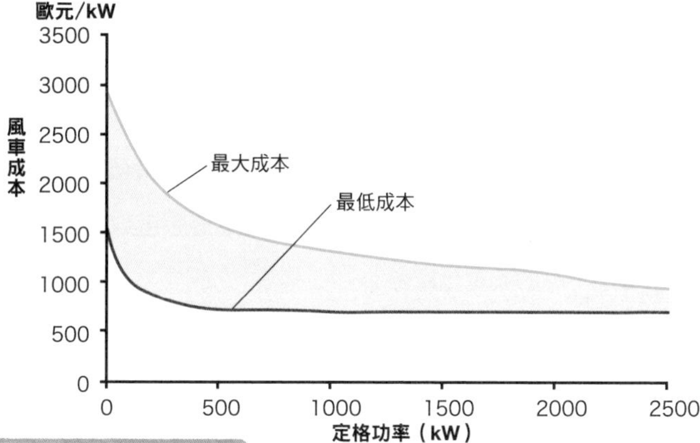

風車每一單位功率的成本，會隨著大型化而降低。特別是在1000kW以下的規模，成本降低的比率特別的明顯，到了1500kW以上成本降低的趨勢則漸漸緩和下來。

引用：L.Caulomb & K.Neuhoff. Leatning Curves and changing Product Attributes（2006）. BWE. Univ of Cambridge

圖2 風車透過量產所能降低的成本

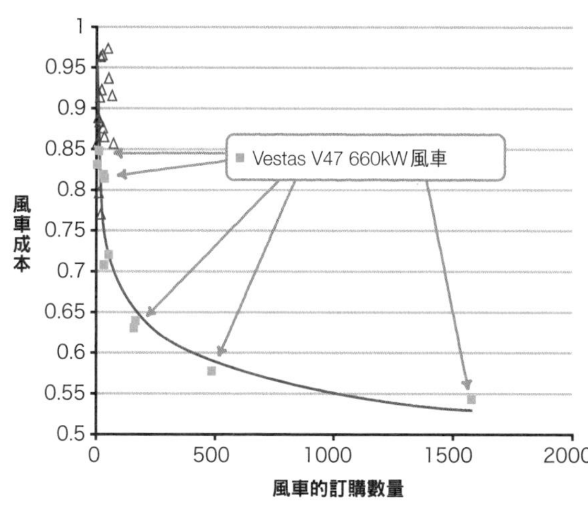

風車的成本可以透過量產來降低。左圖的Vestas風車在美國、英國、西班牙等國的訂購之下，累計交貨量若是達到2倍，則每一單位的成本可以降低到初期的90%。PR＝0.93（PR：Progress Ratio）。

引用：M.junginger,PhD thesis,Utrecht University,2005

042 風力發電的發電成本

在1973年的石油危機之後，世界各國紛紛著手研發風力發電與太陽能電池，在2009年的時間點上，風力發電的發電成本幾乎達到太陽光電系統的2分之1，成為價格一般的大眾化電源。

圖1是美國著名的環境學家雷斯特・布朗（Lester Brown）所發表的各種發電方式的成本資訊。從中的比較讓我們可以輕易看出，只要選擇風況良好的地點，風力發電會比燃煤火力跟水力等傳統型發電系統還要更加便宜，幾乎等同於天然氣火力發電。也就是說就發電成本來看，風力發電系統是極為優良的發電方式。另外從本圖也能看出，在美國若是將核廢料處理所需的成本一起計算在內，核能發電其實是非常昂貴的發電方式。

圖2是將風速整理成參數，並顯示日本國內風力發電的建設成本與發電成本的關係。從這個圖表可以看出，理所當然的平均風速越高的地方發電成本也越低。一直到2008年9月金融危機出現以前，全世界熱絡的景氣讓鋼鐵價格也跟著高漲，風力發電裝置的建設成本也在20～25萬日元/kW。此時平均風速若是6m/s則發電成本幾乎是8日元/kWh，平均風速若是7m/s則是7日元/kWh。今後要是經濟狀況穩定下來，則可以透過風力發電裝置的大型化與量產效果來降低成本，同時讓技術更進一步的改良、使用率因此而上升的話，則發電成本應該能再次降低。NEDO在風力發電路線圖中所提出的目標為2010年8日元/kWh、2020年5日元/kWh、2030年4日元/kWh，但在美國風況較好的風力發電廠在2008年的時間點上就已經實現了5日元/kWh的成本。

●在美國風力發電已經成為低成本的實用性電源。
●預測日本今後也能實現低成本化。

圖1 比較風力發電與其他發電方式的成本

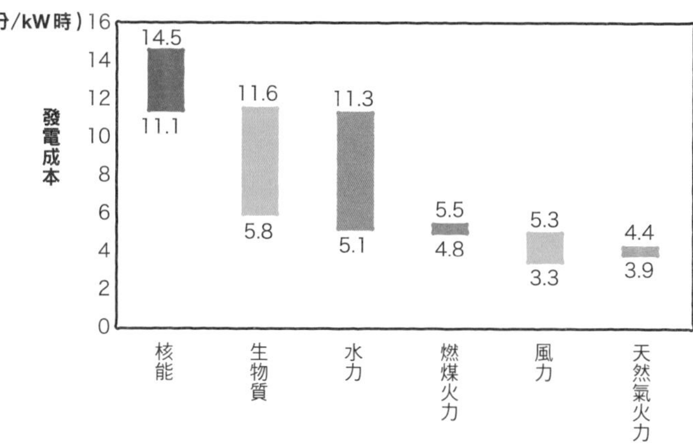

在美國風力發電的成本已經降低，反而是核能發電必須連核廢料處理也計算在內，讓發電成本也跟著變高。

引用：美國環境學家雷斯特．布朗

圖2 發電成本與建設成本的關係（600kW）

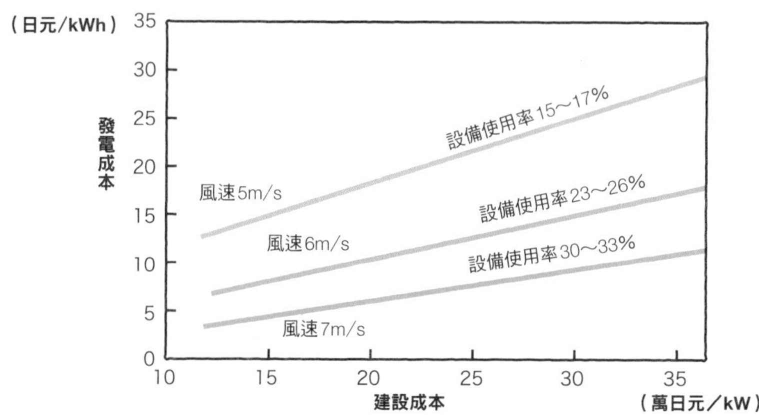

風力發電的發電成本，取決於裝設地點的風況，目前每年平均風速6m/s可說是損益的分水嶺。

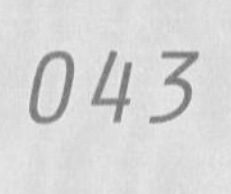

043 風力發電對於產業貢獻

大型風車是由巨大扇葉（GFRP：玻璃纖維強化塑膠）、連接巨大扇葉的軸轂（鑄造物）、需要精密加工技術的主軸（煉鋼）、加速器（齒輪）與大型承軸，再加上高科技化的發電機、變電裝置與控制裝置、液壓裝置、電動馬達、制動器等大約1萬5000個機械零件與電子零件所組成的超大型旋轉機械。同樣屬於高科技產品的汽車是由大約3萬個小型零件所構成，比較起來大型風車的零件數量雖然比較少，但每個零件的體積較為龐大、必須在嚴苛的狀況下長期使用，因此具有高附加價值，正是可以發揮日本製造技術的產品。

大型風車跟汽車一樣屬於量產組裝型的製品，但零件體積較為龐大，不像汽車一樣可以將部分的工程自動化。因此實際作業必須倚靠大量的勞動力，並且跟多元的零件製造商來配合。因此帶動零件產業與創造就業人口的效果非常的大。

比方說每年生產500座（1GW）2MW等級的大型風車，製造機艙的工廠大約需要800名員工，要是包含設計等間接作業在內，則需要人數會攀升到 1000名左右。更進一步將扇葉、加速器、發電機、承軸等下游製造廠的員工也都包含在內的話，則雇用人數會增加10到15倍。

2010年全世界在風力發電產業之中的雇用人數大約有45萬人，相當於風車每年產出1MW電力，就能創造出15人的就業機會。也因此風力發電產業被各國政府當作增加雇用人口的解決方法之一，甚至配合政策來實施產業培訓。日本的風車製造與建設雖然在全世界市場的佔有率只有1～3%，但大型承軸、發電機、高功率電子零件等零件產業方面則是佔20～60%，對日本的產業與雇用人口來說風力發電一樣具有很大的魅力。

- 大型風車是必須組裝將近2萬個零件的組裝型產業，對雇用人口有所貢獻。
- 製造大型風車零件的下游廠商非常的廣泛，間接性的雇用人口也多。

圖1 大型風車的主要零件

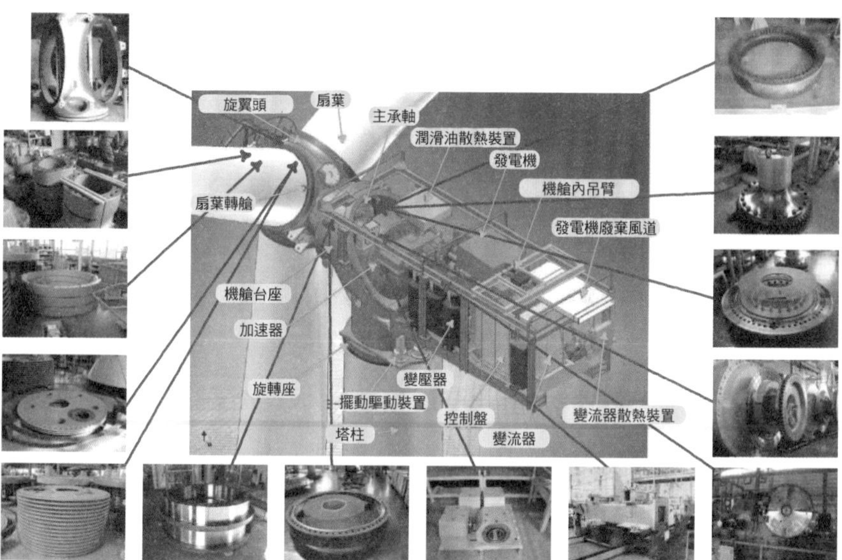

圖2 風車引進量與就業機會的關係

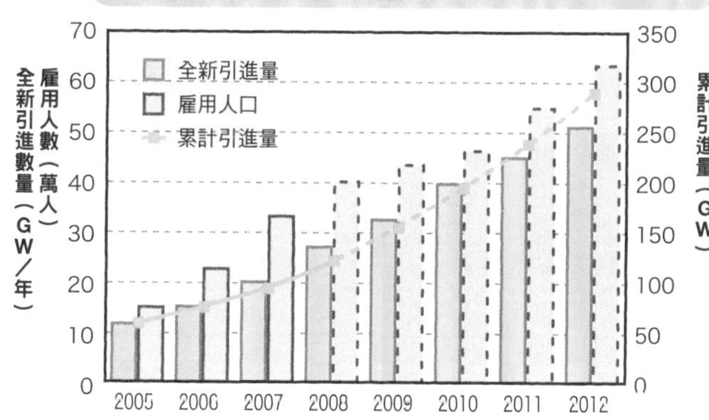

引用：BTM Report, GWEC的Global Wind Energy Outlook 2008

風力發電裝置的製造屬於勞動集約型的產業，可以創造出許多就業機會。在2008年為40萬人，預測在2012年將會達到60萬人。

044 風力發電對於解決環境問題能夠有所貢獻嗎？

全世界正式開始研發風力發電與太陽光發電，是在1973年第1次石油危機之後的事情。當時對於石油資源的儲藏量開始抱持危機意識，因此將新的能源稱為取代石油的「替代性能源」(Alternative energy)。之後進入1990年代，環境保護的問題浮現台面，加上可再生能源所產生的二氧化碳非常的少，意識形態也跟著演變成用可再生能源來解決全球暖化等環境問題。

從圖1可以看出，中小型水力發電與風力、太陽光所產生的CO_2非常之少。或許會覺得可再生能源不用燃燒燃料，因此不會產生CO_2，但圖中的數字並不只是發電用的燃燒用途，而是在整個生命週期評估（LCA：Life Cycle Assessment）之中，從採取原物料到裝設、報廢、燃料運輸等各種活動在內的CO_2排放量。在此顯示的是製造風力發電裝置與設置時所產生的CO_2。而在核能發電的場合，運作時雖然不會產生二氧化碳，但在哈薩克共和國等鈾原料外銷國家進行挖掘、精製成核能爐所使用的膠囊、從海外運輸到日本等使用國家，更進一步的還得將用完的燃料長期冷卻並進行超長期性的保存，考慮到這一連串的工程所產生的CO_2，總合下來（＋α）會成為非常可觀的排放量。就算從LCA的觀點來看，風力發電的CO_2排放量也非常的少，是有利於環境的綠色能源。

若是將1座目前最為普及的2MW風車裝在每年平均風速6m/s的場所，跟發出同樣電力的燃煤火力發電相比較，據說每年可減少5000噸的CO_2排放量。

●風力發電是CO_2排放量非常少的發電裝置。
●若是考慮到整個生命週期，核能發電是CO_2排放量最高的發電方式。

圖1 各種發電方式的 CO_2 排放量

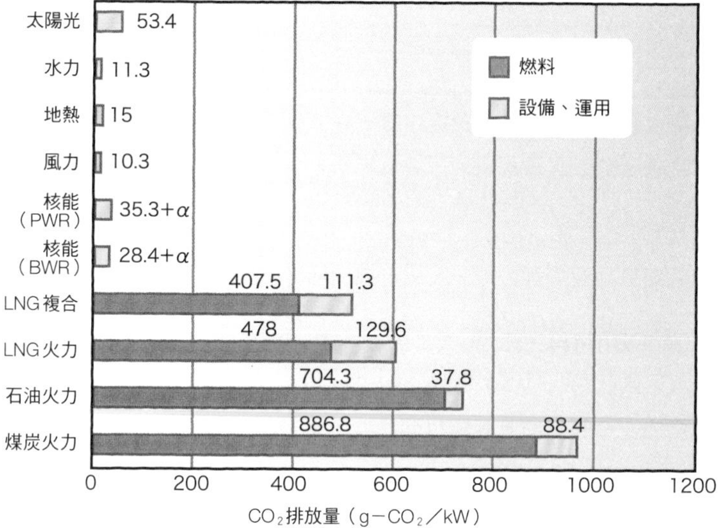

不論哪一種火力發電都會產生大量的 CO_2，太陽光電系統與風力發電只有在製造裝置時會產生 CO_2。若是用LCA來看核能發電，則會產生極為龐大的 CO_2。

引用：本藤、電力中央研究所研究報告 Y99009 PP46 2000年

圖2 2MW等級風車的環保貢獻程度

平均風速7／ms、每台、每年生產707萬kWh的電力

→13萬台可產出全日本所需的電力

→換算成一般家庭的消耗電力…
相當於1400間住宅

→換算成火力發電廠（石油量）的話…
大約是1萬7000kL（8600桶）

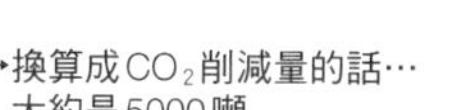

→換算成 CO_2 削減量的話…
大約是5000噸

→換算成吸收上述 CO_2 排放量所需的柳杉
大約是36萬株

目前全世界最為普及的2MW級風車的環保貢獻度，1座風車每年生產的綠色電力可以削減5000噸 CO_2 排放量。

045 風力發電也有環境上的課題

風力發電裝置是各種發動機之中唯一在大氣中轉動的機械，因此會產生安全性與噪音的問題。就安全方面來看幾乎已經達到合格的水準，但在噪音方面卻還有必須解決的問題。

一般來說風車的噪音分成2大類，**機械噪音**跟扇葉所造成的**風聲**、**次聲波**。關於圖1的聽覺領域的噪音，只要在500公尺以上的距離之外，就幾乎不會造成問題。但最近另外出現了50Hz以下的次聲波所造成的問題。次聲波無法直接聽到，再加上有個人的落差所以問題並不單純。就算如此只要距離700公尺以上，似乎就不會有問題。

有關於景觀，最近的風車體積越來越是龐大，將這樣大型的裝置設在自然環境之中，理所當然的出現有兩極化的意見。畢竟看起來是美還是醜，只能由本人來下判斷，審美觀的個人落差自然不在話下。日本有著獨自的造景哲學，設置風車時應該也要活用這方面的知識才對。

野鳥撞上風車的意外被稱為**鳥撞**（Bird Strike）。對此必須確實進行好事前的評估，確定候鳥的遷移路線。雖然不一定得因此而改變地點，但至少應該要避開稀有鳥類的築巢地點。

如同圖2所顯示的，就量化性的觀點來看，跟其他鳥類的死亡原因相比，風車所造成的損害非常的少。問題在於地點是否為候鳥的遷移路線，或是鳥類於地面尋找食物、進行採取的場所。風力發電業者必須跟野鳥保護團體合作，可能也得在遷移時期讓風車暫停運作。

●風車對於環境的影響有噪音、次聲波、景觀、鳥撞等等。
●次聲波的問題有待解決。

圖1 風車噪音的國際基準

a 風車噪音隨著距離的衰減 **b 噪音等級的基準**

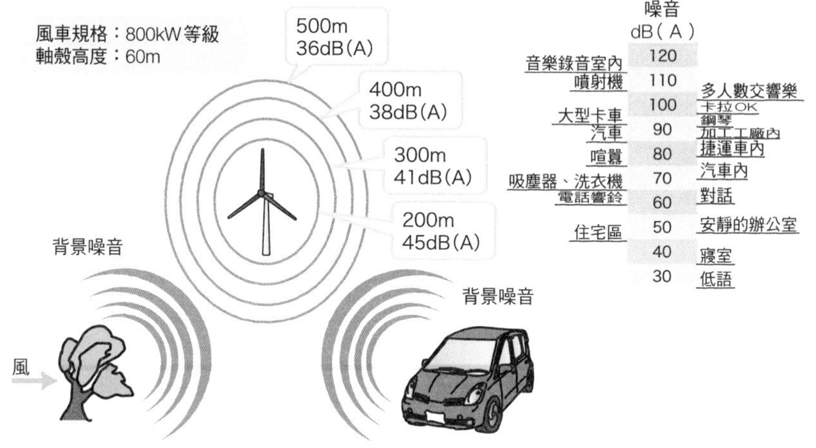

風車噪音（聽覺領域）的國際基準，是距離風車200公尺的距離為245dB(A)以下，只要遵守這個規定幾乎都沒有問題。

圖2 風車所造成的鳥類傷亡並不多

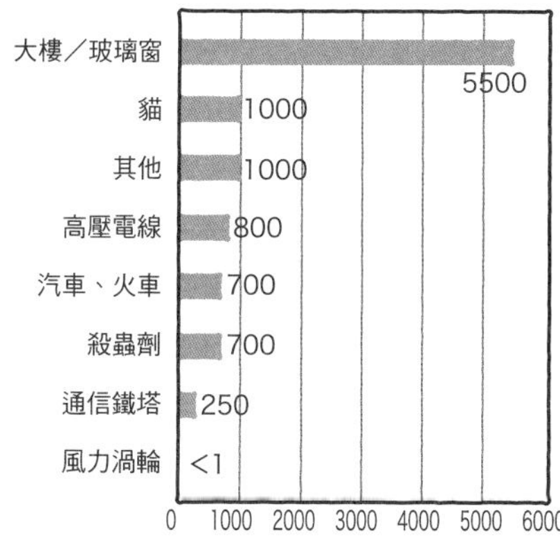

※1萬件死亡案例之中的詳細數字

美國的鳥類死亡數量（2006年）

發電設施	鳥類死亡數量	每一單位發電量（GWh）
化石燃料	約14,500,000	5.2
核能	約327,000	0.4
風力發電	約7,000	0.3

風力發電被指出有鳥撞等問題存在，但就統計性的數字來看並沒有造成過大的傷害。就算如此還是應該注意稀有鳥類的居住地點跟候鳥的遷移路線。

046 體型龐大的發電用風車

一般來說越往高空移動，風速就越強，因此增加風車的高度（軸轂高度）取得的能量也就越多，產生的電力也跟著增加。如同圖1所顯示的，風車所能取得的能量，會跟風車扇葉旋轉面的受風面積成正比。因此風車的旋轉直徑若是增加，能夠取得的能量也會跟著增加。在目前主流的1000～2000kW的場合，塔柱的高度為60～80公尺，扇葉直徑為60～80公尺。為了盡可能取得較多的能量，除了將風車裝設在風狀較好的地方之外，還會讓風車大型化來增加單機的輸出功率，並且用**風力發電廠**（Wind Farm）的方式來增加發電量。而就降低成本的觀點來看，近幾年來風力發電廠也出現大規模化的傾向，圖2是全世界風車大型化的推移狀況。

隨著風車尺寸越來越大，風車的重量會與轉軸的3次方成正比，但取得的能量卻是與轉軸的平方成正比，因此風車的成本會以直徑3/2次方的比例來增加。也就是說，要製造輸出功率2倍的風車，必須將直徑增加為1.4倍，但成本卻會增加2.8倍。因此若是沒有提高材質強度或降低空氣負荷等技術上的突破出現，風車的大型化反而會成為缺點。

另外就裝設機械的觀點來看，山區並不適合裝設大型風車。海上風車也是一樣，固定式雖然有大型化的可能性，但飄浮式卻頂多只能達到3MW的大小。推測今後將隨著各國的自然環境與社會條件，來分化出最為合適的尺寸。

●大規模風力發電將會有更進一步的發展。
●要降低大型風力發電的成本，必須要有技術上的突破。

圖1 風車能夠從風得到多少的能量？

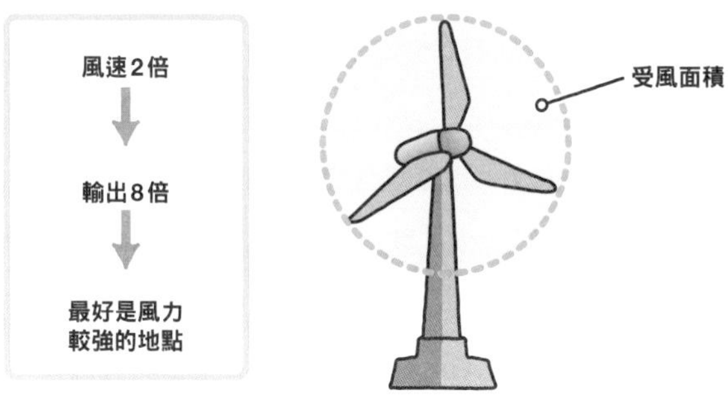

風車的功率與風速的3次方成正比，同時也跟轉軸的受風面積成正比。也就是說風速2倍輸出就會增加到8倍，增加受風面積來讓風車的直徑增加的話，就能得到更高的輸出功率，因此才會出現風車大型化的趨勢。

圖2 發電用風車大型化的趨勢

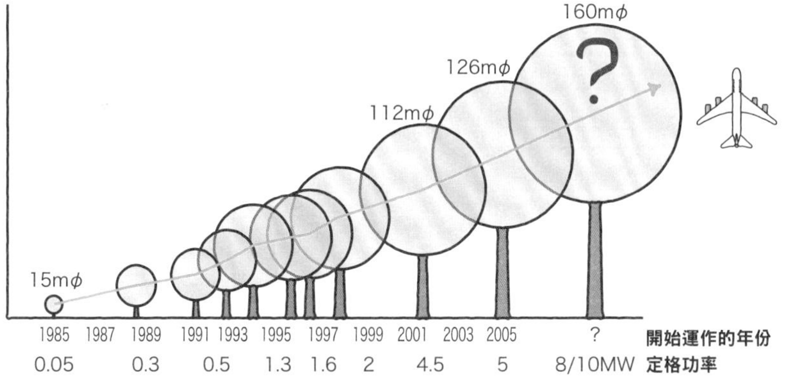

引用："Technology Roadmap Wind Energy"（OECD／IEA 2009）

大型化的優勢

- 大型風車的轉速比小型風車要低，可以降低景觀上的阻礙。
- 每kW單位的發電量，會與轉軸直徑的平方成正比來增加→設置大型風車效率較佳。
- 海上風車的設置成本會與基礎成本成正比→設備容量較高的風車可以降低成本。

047 風力發電從陸上移到海上

在風力發電相當盛行的歐洲，或是地理環境特殊的日本等地，地面平原適合用來進行風力發電的場所越來越少，期待今後將會引進海上風力發電。

對此，歐洲風力發電協會已經發表非常具有野心的目標，預定在2020年以前引進4000萬kW、2030年引進1億5000萬kW的海上風力發電量，並著手建造大規模的海上風力發電廠。

一般來說海上風速較大也較為穩定，有著比陸上更加適合進行風力發電的風況。而且沒有土地上的限制存在，可以建設規模龐大的風力發電廠，景觀與噪音等環境問題也都比陸地上要少。更進一步的不用受道路限制，大型風車的搬運、裝設都容易許多。

在歐洲，海上風力發電的規模越來越大，在2010年已經達到296萬kW，創下51%年度成長率的新記錄。再加上目前正在建設以及計劃中的部分，總規模高達2200萬kW。2010年以後，英國海上風力發電的設備容量將成為世界第一的134萬kW，政府也預計要將全世界風力發電企業的研究設施與製造據點集中在一起，讓風力發電成為一大國家產業。

在日本，風速7m/s以上、距離海岸30公里、水深200公尺的海上風力發電賦存量高達120萬MW左右，是水深50～200公尺範圍的賦存量的4倍以上。到固定式海上風力發電有水深的限制，海底深度50公尺以內的賦存量估計有21MW。若是在可以設置的海域內使用5%的面積，大約可以確保1000萬kW的設備容量。若是飄浮式海上風力發電能夠實用化，深度200公尺的海域內假設使用3%的範圍，則可以確保3600萬kW的設備容量。

●估計海上風力發電將會在國內外急速的增加。
●海上風力發電在水深50公尺的海域使用固定式、50公尺以上為飄浮式。

圖1 在歐洲積極展開建設的海上風力發電

機艙＋塔柱一體成型的設置。水深為45公尺。

圖2 各國海上風力發電的風車數量、設備容量

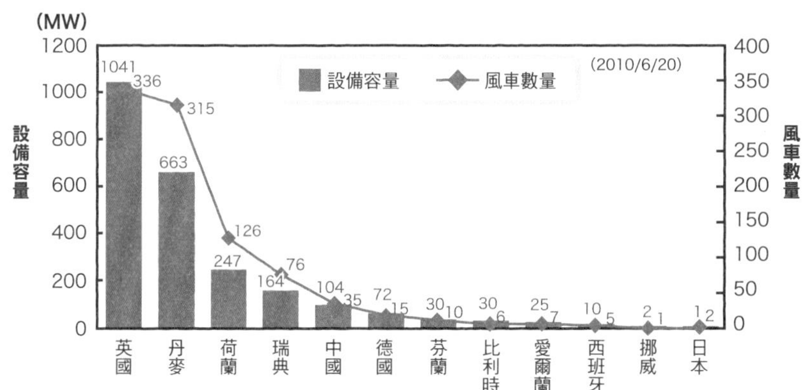

引用：Wind Service Holland

048 小型的風力發電也正在努力著

目前許多國家都使用大型風車，但小型風車與微型風車也有相當龐大的使用量存在。進入20世紀之後隨著航空工學的興盛，活用其研究成果的小型螺旋槳風車以沒有電力的村落為中心來被使用。特別是在美國，廣大的農業地區無法鋪設完善的電力系統，因此從1910年代開始就盛行用小型風車來進行發電。當時在美國最為普遍的，是Wind Charger風車與Jacobs風車。特別是圖1所顯示的Wind Charger風車，從1980年代開始製造了60年，與Jacobs風車加在一起推測有3萬台以上的生產數量。

對於幾乎沒有進行風力發電的日本來說，山田基博先生是位不可忘懷的民間人士。1918（大正7）年，出生於北海道名寄附近的山田先生，從大戰之前就研發有夜間照明用的100W程度的小型螺旋槳風車，供應給正值「洋鯡景氣」而相當熱鬧的北海道魚村。戰後因為全日本的電力吃緊而正式開始製造小型風車，以數千台的規模將200W到300W的小型風車提供給歸國日本人的開拓農民。當時的北海道廳跟農林省對於開拓農民與偏遠學校提供有補助金，讓山田風車在某一時期成為北海道開拓地區的象徵。

根據IEC（國際電工委員會）的定義，小型風車為直徑15公尺以下、輸出功率50kW左右的風車。目前全世界有超過200家以上的小型風車製造商。輸出功率的規模從100W左右的微型風車到數kW左右的風車最為普及，也有透過標籤化來設定世界性安全基準的動向。

- 全世界一直都有使用大量的小型風車。
- 有為小型風車設定世界性安全基準的動向出現。

圖1 Wind Charger風車與Jacobs風車

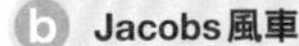

a Wind Charger風車

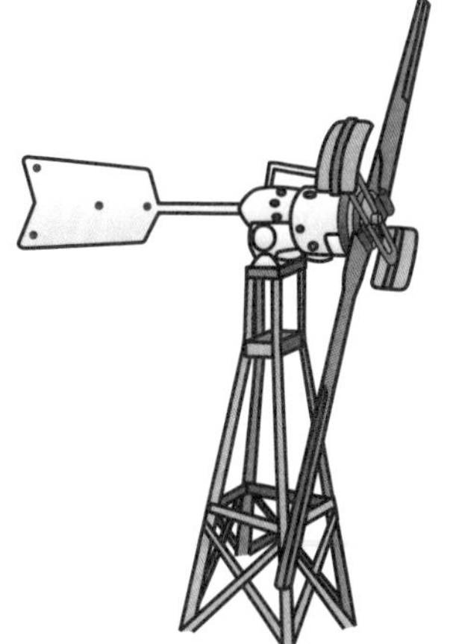

b Jacobs風車

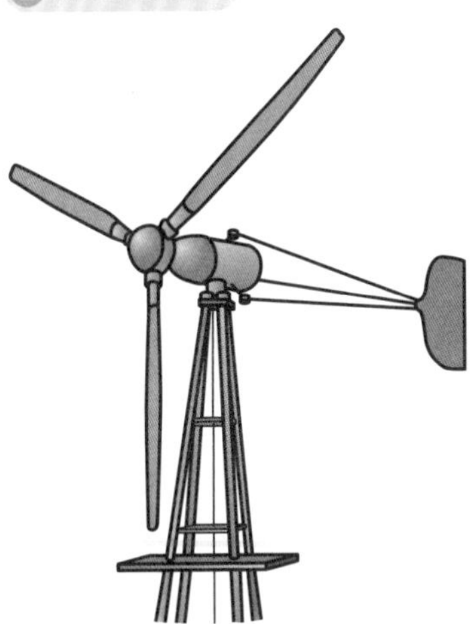

圖2 山田基博先生與山田風車的設置狀況

山田風車從戰後到昭和30（1955）年代，以北海道的開拓地區為中心，有著高達2000台以上的使用數量。扇葉使用輕又堅固的蝦夷松木，具有設計單純很少故障、壽命長、廉價等迷人的特點。

049 北海道風力發電所製造的電力可以在東京使用？

在北海道電力公司的管區之內，有6500萬kW的風力發電潛能存在。那麼，是否能將此處生產的電力，提供給東京等有著大量需求的地區來使用呢？答案是「就技術方面來看可行」。

為了實現這點，必須採取**托運供電**的方法。首先像圖1這樣，將北海道的風車所生產的電力提供到北海道電力公司的電力系統之中，然後由北海道電力與東北電力透過公司之間的配合，將電力系統連繫在一起。接著讓東北電力與東京電力之間也進行配合，就可以讓關東地區使用北海道風車所產生的電力。

就現狀來看，北海道電力公司在管區內的電力系統容量並不充分，最重要的是由政府出面強化整個電力系統，並由北海道的風電發電業者自己負擔連接到電力系統之中的輸電線路工程。另外，北海道與本州（日本本島）的連繫用電線，目前只有中型火力發電廠規模的60萬kW的輸電量，雖然計劃有增加30萬kW的強化工程，但理想的數字為500萬kW。這除了是電力公司應該要負責的部分之外，各個電力公司也應該更進一步強化彼此之間的系統連繫。

從北海道將電線連繫到關東等對電力有需求的地區時，會從熱容量、系統穩定度、電壓穩定度、頻率維持等各個方面來計算出系統運用上符合安全等級的最低數字。而實際能夠連繫的，也是這個最低限度的數值。能夠由風力發電運用的部分，將是連繫數值減掉各電力公司既存利益的「空白容量」。因此電力系統的強化可說是極為關鍵。

另外，在使用連繫電線中的容量時，為了確保公平，會採用登錄時間較早的人為優先的「**先到者優先**」制度。

●電力的托運供電，會由風力發電業者透過電力公司輸電系統的空白容量來進行供電。

圖1 托運供電的路線圖

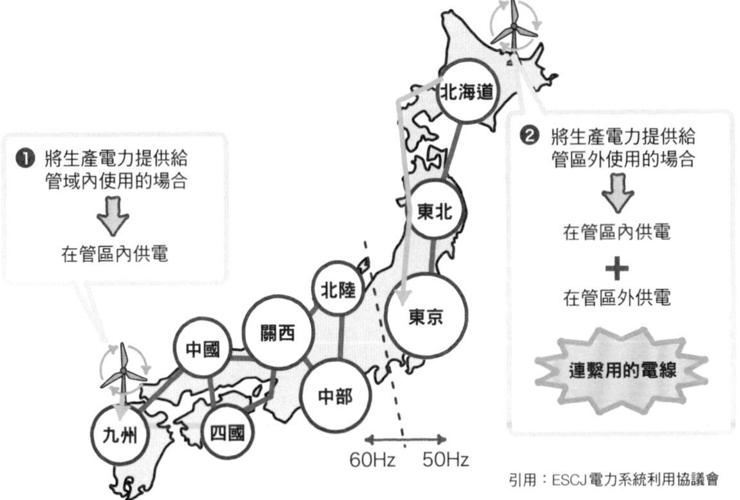

引用：ESCJ電力系統利用協議會

風力發電在使用電力系統時，必須考慮到該地區電力公司的管區，然而思考生產電力是提供給該電力公司的管區內、還是管區之外。若是越區來進行托運供電，則必須考慮到各個區域電力系統的連繫問題。

圖2 電力系統的空白容量

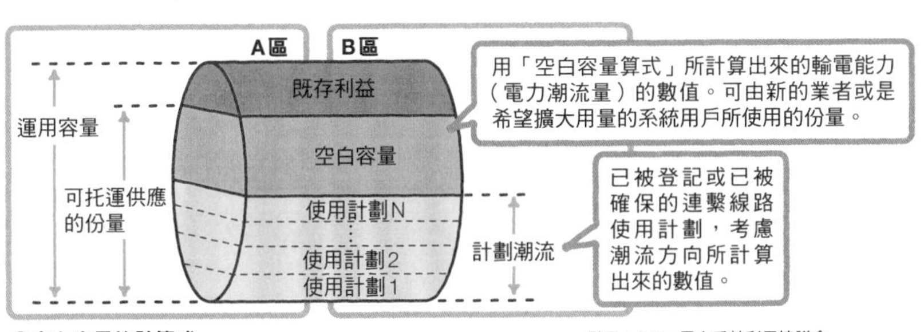

●空白容量的計算式
空白容量＝運用容量－既存利益－計劃潮流

引用：ESCJ電力系統利用協議會

風力發電業者要使用電力公司的連繫線路時，為以已經存在的電源為前提來進行檢討，必按照登記時間的先後順序來進行容量的登記。從可以托運供電的量之中扣掉被登記的份量，是可讓新的業者申請的空白容量。

050 風力發電在智慧電網中所扮演的角色

風力發電是小規模的分散型電源，隨著引進規模與範圍的增加，整體的可信賴性也會跟著提高，讓發電成本降低。另外我們還知道，裝設在不同地點的風車，距離越遠輸出變化的相關性就會越低。因此為了實現輸出功率的平均化，分散裝設也會是有效的策略。

基於這樣的理由，若是能優先將風力發電所生產的電力納入電力系統之中，或是強化輸電系統來將更多的風力發電連接到系統之中，則可以將輸出電力的變化平均起來。而要實現這個系統，必須要有**智慧電網**才行。就算引進發電量不斷變化的可再生能源，只要能讀取電力供需雙方面的變化，與情報通訊技術進行組合來實現供需的均衡性，則可以跟儲蓄電力的技術組合來實現穩定的供給。

2011年3月11日所發生的東日本大震災、海嘯、福島第一核電廠的毀滅性意外事故，成為創造不怕災害的城市、擺脫核電、降低電力尖峰需求、積極引進可再生能源的契機。在日本引進智慧電網的智慧城市構想，也變得不再是夢想。

智慧城市的構想在於使用IT等最新技術來提高能源效率，同時降低環境負擔，實現未來型的城市。在地區內架構出能源管理系統跟大規模的電力網路來形成相互補足的關係，並在地區內裝設蓄電、蓄熱的機能讓可再生能源得以地產地消，奠定能夠大量引進可再生能源的地區管理系統。另外還可以讓電能與熱能的運用理想化，將電動車等儲蓄電力的機能被當作社會基礎設施來活用。

●智慧電網能夠引進大規模的可再生能源。
●電動車等蓄電技術將可當作社會基礎設施來被活用。

圖1 節能、蓄電池、情報通訊技術將扮演重要的角色

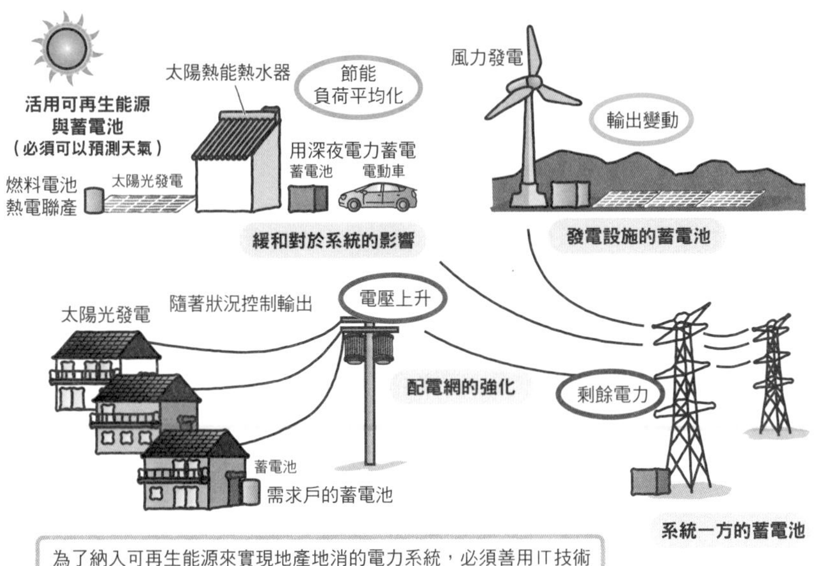

為了納入可再生能源來實現地產地消的電力系統，必須善用IT技術在地區內架構出能量管理，讓電力系統能構有效被運用。

圖2 智慧電網的意象圖

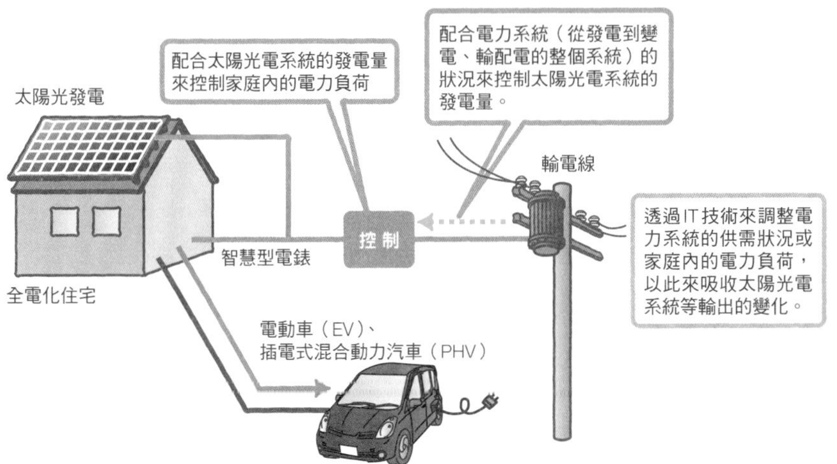

051 實現夢想中的G-WISH系統

曾經擔任三洋電機社長的桑野幸德先生，提出了**GENESIS**（Global Energy Network Equipped with Solar Cells and International Super-Conductor Grids）這個用超導體線路將設置於全世界的太陽能電池連接在一起，只要用相當於沙漠整體面積4%的804km²就能產出相當於2010年全世界耗電量14億kL/年的有如夢想一般的計劃。

更進一步的，如果將風力發電也連接到GENESIS網路，則可以活用風力與太陽光的互補性來形成世界性的風力與太陽能電池的網路，也就是圖1所顯示的**G-WISH**（Global-Wind and Solar Hybrid）系統。要是能夠完成的話，全世界能源不足與全球暖化的問題，都可以朝解決的方向大步邁進。

就現狀來看，超導體電線還處於研究階段，就算可以解決技術上的課題，最後若是無法突破經濟上的困難，世界網路的夢想依然無法被實現。因此或許要等到2050年左右，才能看到G-WISH系統登場。

另一方面足利工業大學則是提出將組合式風力發電跟太陽光電池，收納成圖2這種攜帶型裝置的**WISH**（Wind and Solar Hybrid）**BOX**，除了讓開發中國家沒有電力的村落當作照明或收音機、小型電視的電源，也可以讓先進國家在戶外或災害時使用。在聯合國的太陽能會議中進行發表之後，得到先進國家做出了意想不到的反應。不光是照明與情報媒體，也希望可以將WISH BOX用來當作儲存疫苗的小型冰箱的電源。對這種小型系統來說，定格風速較高的傳統小型風車在風小的時候將無法使用，因此研發出低風速也能使用的新型風車，實現了實用性的WISH BOX系統。

●從GENESIS計劃邁向G-WISH系統。
●攜帶用的WISH BOX也很有用處。

圖1 從GENESIS邁向G-WISH

GENESIS

Global Energy Network Equipped with Solor Cells and International Superconductor Grids

由太陽能電池與超導體線路
所構成的世界性太陽光電系統

G-WISH系統

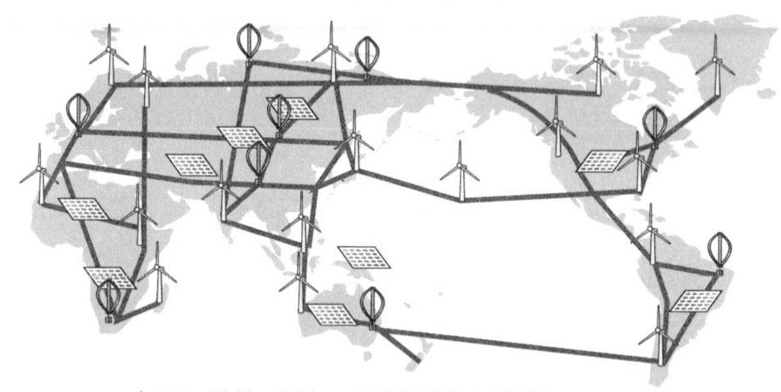

（WISH系統＝風力＋太陽光的複合系統）

圖2 攜帶型WISH BOX

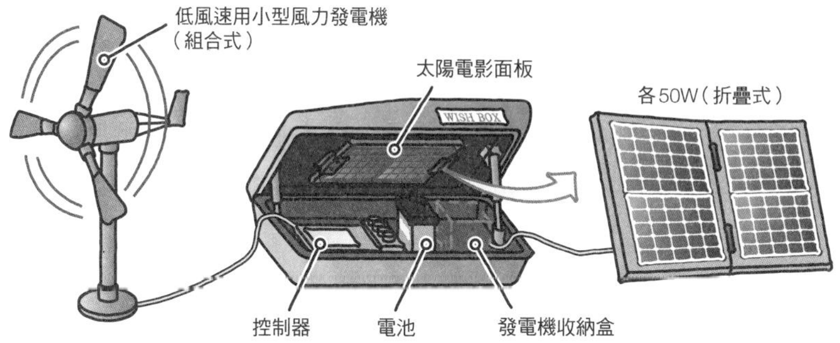

小型風力發電機並非使用傳統的高風速用漸縮型扇葉，而是扇葉前端較寬的漸寬型，在低風速下也能運作。

COLUMN

對風車的工作狀況下達評價

一般來說，可再生能源有著受到天候影響的缺點，而風力發電也是一樣，氣象條件將大幅影響到發電的狀況。特別是位於季風地區的日本，風況有著夏弱冬強的傾向，就一天來看大多也是上午風弱、下午風強的比例居多。

對於是否能用不穩定的風況來進行發電，我們可以用「**容量因素**」（Capacity Factor）來判斷風車的運作效率。其定義為「該風力發電裝置在某一期間全力發電（定格電力）的輸出功率，與該期間內實際發電量的比率」。

大多會用一整年下來的發電量來進行比較，用該風力發電裝置一年下來的發電量，除以該風力發電裝置定格功率×8760小時（1年）就是容量因素。運作期間大多以1年來計算，但有時也會以季節（比方說春夏秋冬的各3個月）、1個月、1天來進行計算。

風力發電的事業能否得到利益，據說最少要能夠有22%的年度容量因素，而業者在判斷風力發電廠的損益時，則最好要在25%以上。比方說在北海道稚內近郊的風力發電廠，整年下來的平均容量因素有將近40%，可以說是非常好的成績。

另外還有**可利用性**（Availability）這個一具風車除了維修跟故障以外，有多少時間可以運作的參數。在計算這個數字時，會將風力太弱與太強等風車無法運作的時間去除。

日本的風車必須面對颱風與2～3月的強風、來自山岳與丘陵地區的亂流、冬季日本海一方所產生的落雷等嚴苛的環境，因此可利用性很有可能會比預期要來得低。

太陽熱能、地熱能、海洋熱能、廢熱的重複利用與熱電發電

本章將可再生能源之中
以熱能為主要形態的類型整理在一起。
並且介紹跟這些能源配合度極佳，
可以直接將熱能轉換成電力的熱電發電。

熱電發電是在兩個具有溫差的半導體通電來使用塞貝克效應

熱電發電與傳統的蒸氣發電不同，是透過固體元件將熱直接轉換成電力的發電方式。就像圖1這樣，將可以導電的2種不同固體（導體）連接在一起，形成封閉的環狀。在左右導體的連接部位加熱或冷卻來形成不同的溫度，兩者之間就會產生電力來形成電流。2個接合部位的溫差將決定電力的大小，溫差若是2倍，則會產生2倍的電力。這個現象在1821年由T．J．塞貝克所發現，為了紀念他的貢獻而取名為**塞貝克效應**。

稍微來思考一下，為什麼會產生這種現象。導電的物質內，擠滿了運送電的物質（電荷：載子）。擁有負電荷的稱為電子（n型），擁有正電荷的稱為電洞（p型、Hole）。給予這個電荷熱能，電荷本身的運動就會變得激烈。另一方面若是溫度下降，電荷的運動也會緩和下來。也就是說溫度的落差，等於是電荷運動的落差。從圖2我們可以看出兩端的電荷數量不同。低溫部位每一體積單位所擁有的電荷，比高溫部位要多。兩端電荷數量的落差，就是電力。只要連接到不同的導體，就會有電流產生，這個現象被稱為塞貝克效應。效果的程度取決於溫度差跟導體的種類。

熱電發電的特徵，是可以直接將熱能轉換成電力。沒有移動或轉動的部位，所以不會有噪音跟振動，當然也不會排放氣體。構造單純，對於許多可再生能源來說，是將能量轉換成電力的好方法。

●熱電發電會直接使用固體元件將熱轉換成電力。
●電力的強度取決於溫差跟物質本身的性質。

圖1 塞貝克效應

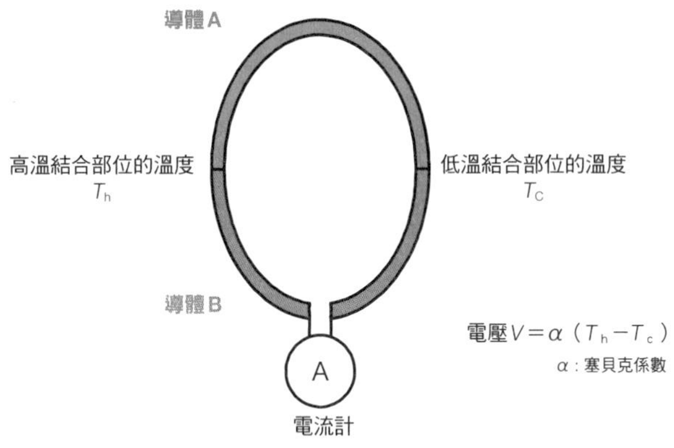

將兩類不同的導體連接在一起，在結合部位賦予溫度差就會產生電力，這個現象稱為塞貝克效應。

圖2 熱（溫度差）形成電力的機制

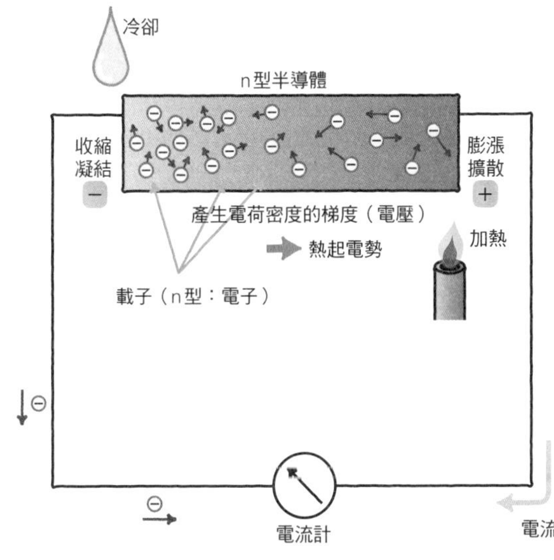

電荷的運動會在高溫一方變得活潑，在低溫一方緩和下來，於兩者之間形成濃度的落差。用導線將兩端連在一起，就會因為均等化的效應而產生電流，電流也就是電力的流動。

053 熱電發電系統的機制

熱電發電系統的核心是**熱電元件**，除此之外還需要將熱能從熱源移動到熱發電部位的**高溫一方換熱器**、將熱電元件的熱能散發出去的**低溫一方換熱器**，以及將產生的電力調整到最大負荷或調整電壓跟電流用的**電力調節器**（Power Conditioner），用這3個主要機構來組成。

以熱電元件來組成的熱電發電部位，會像圖1這樣透過電極將n型（載子為電子）與p型（載子為電洞）這兩種導體串聯在一起，形成**熱電元件組**的構造。熱能的走向不論是p型元件還是n型原件都往同一個方向流動。雖然會隨著導體種類而不同，但只要給予這個熱電元件組1℃的溫差，就會產生大約0.4mV（毫伏特）的電動勢。我們可以將複數的元件組串聯起來形成**熱電發電模組**。比方說給予100℃的溫差，並將100組串聯起來的話，就會成0.4×10^{-3}（V/℃）×100（℃）×100（個），得到大約4V的電動勢。溫差若是200℃的話，電動勢也會成為2倍的8V。

使用塞貝克效應的熱電發電，其發電效率不大受到發電規模的影響，具有比引擎或蒸汽發電更為優秀的發電容量領域。

過去認為熱電發電的效率並不高，但近年來在材料方面有所突破，800℃的溫差可以得到大約15%、250℃的溫差可以得到7.2%的能量轉換效率。實驗室也更進一步的在研發效率更好的元件。過去只能任其流失的熱能，都可以透過熱電發電當場轉換成電力，這個特性大幅擴展了可再生能源的使用空間。

- 熱電發電系統的構造為高溫、低溫一方的換熱器、熱電發電模組、電力轉換裝置。
- 將熱電發電最小單位的模組大量串聯，可以形成大規模的構造。

圖1 熱電發電的機制

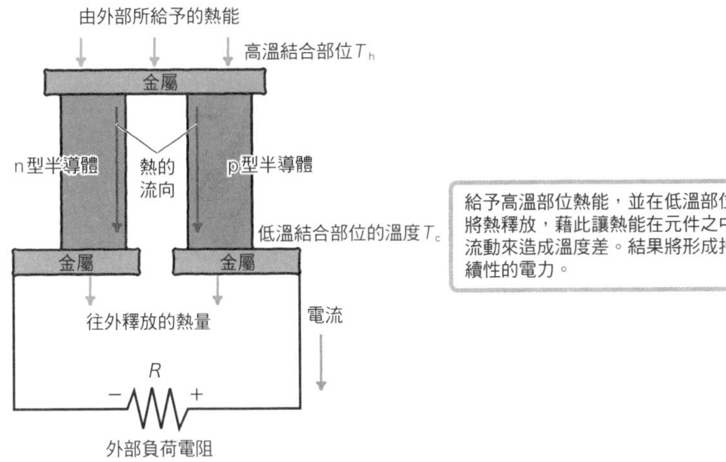

給予高溫部位熱能，並在低溫部位將熱釋放，藉此讓熱能在元件之中流動來造成溫度差。結果將形成持續性的電力。

圖2 熱電發電最小單位模組的構造

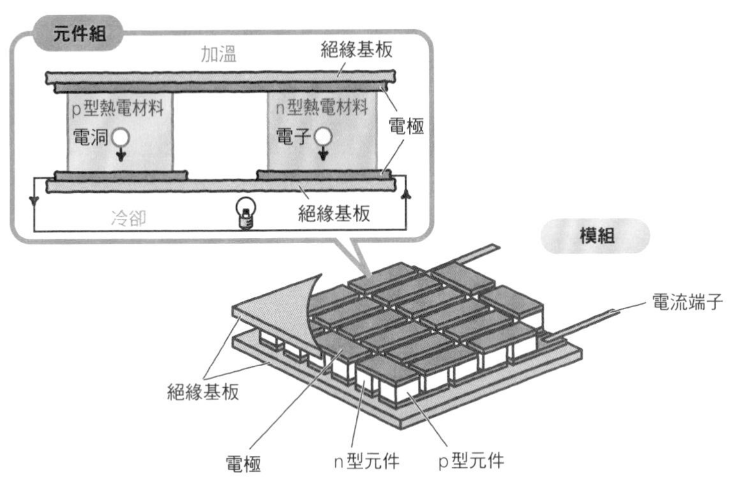

大量串聯透過電極將n型元件與p型元件連接在一起的元件組，藉此提高電壓讓人可以方便使用。可以更進一步將此串聯或並聯。

將太陽熱與熱電發電組合 簡單完成熱電聯產的發電系統

太陽熱能發電系統，會從太陽的能量之中取出熱跟電力。電力之外還有熱能可供利用，因此被稱為**熱電聯產系統**。

我們可以透過各種集光方式，從太陽能之中取出各種溫度的熱能。**集熱溫度**，取決於提高太陽能量密度的集光系統開口面積與吸熱體表面積兩者比率的集光比，以及在集光過程之中流失到外部的**熱流失**。比方說截面造形為拋物線，有如屋簷排水槽一般的鏡子，在其焦點部位放上圓筒形吸熱體的槽形（Trough）構造，集光比為20～40，溫度大約是400度。用稱為「日光反射器」（Heliostat）的太陽光追蹤式平面鏡的群體，將光集中到高塔頂端的塔型構造，則擁有100～1000的集光比，溫度也高達800～1000度。可以隨著規模與用途來選擇需要的集熱方式。圖1顯示的是如何決定集溫溫度來得到最大的系統效率。集熱溫度越高效率也越好，因此重點在於如何盡可能的減少熱流失。

無法自動追蹤太陽光，使用選擇性吸收膜將進入的光轉換成熱能並封閉在內的平板型（集光比為平板面積跟熱電元件截面積的比，有10～100、集熱溫度～250度）模組，是更為廉價的太陽能集熱裝置。圖2是其實驗性的裝置。透過平板收集的所有熱能，會被集中到中央的熱電元件組。採用液冷的冷卻方式來讓元件進行散熱。在模擬太陽光源的實驗之中，得到大約5%的效率。

熱能是生活與產業中所不能缺少的元素，跟電力一起將熱能取出來利用的系統，會有許多活用方法存在。

- 太陽熱能發電系統可以同時利用電力與熱能。
- 將成本降到最低的非追蹤型集熱方式，與熱電發電配合度佳。

圖1 如何決定太陽能的最佳集熱溫度

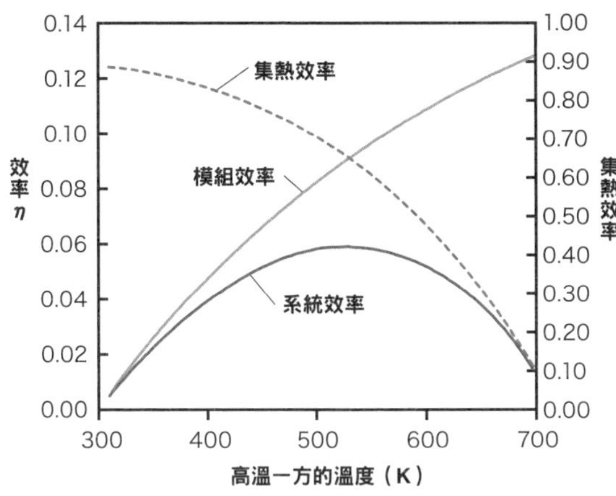

太陽熱的集熱溫度越高，能量轉換效率也越好，但熱流失也會增加，必須比較兩者來決定最為恰當的溫度。系統效率取決於集熱效率跟模組效率的積。

圖2 非追蹤型、使用選擇性吸收膜的平板集熱方式跟熱電元件組合而成的太陽熱能發電系統

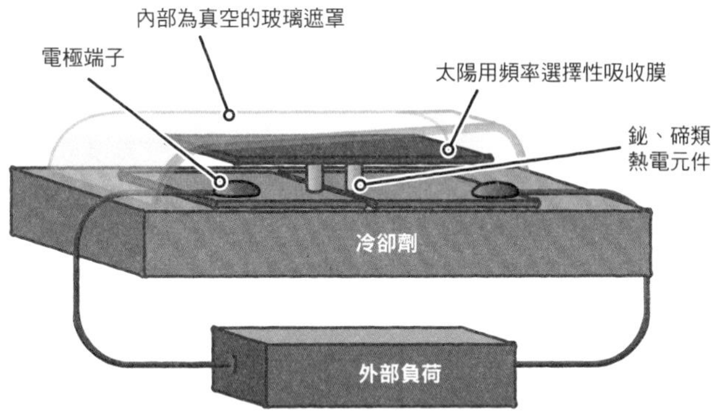

無法自動追蹤太陽光的固定型價格較為低廉，裝上選擇性吸收膜來提高集熱效率，透過光射進來時轉換成熱能的波長轉換來將熱封閉在內。

055 同時製造電、熱、淡水 太陽熱使用型熱電發電聯產系統

太陽能有著變化劇烈，下雨天跟晚上無法使用的缺點存在，但是跟集熱裝置與蓄熱技術組合，則可以不受時間與天候影響，有計劃性的用太陽能創造出電力跟熱能來提供給人們使用。

另一方面，21世紀也被稱為水的時代。日本雖然有豐富的水資源，但是就世界規模來看，不光是民生用水，農業、畜牧、礦工等產業方面，也出現了淡水可能不夠使用的狀況。解決這個問題的方法之一，在於活用太陽賜予我們的能量。

對此所提出的**太陽熱使用型熱電發電聯產系統**，會以太陽的熱能作為源頭，跟具有蓄熱裝置的熱電發電系統組合，來穩定的生產電力、熱能、淡水。圖1是它的基本構造。這個系統會用太陽能集熱裝置所產生的高溫，來進行熱電發電。利用熱來發電另外要需要低溫熱源。因此在這個系統之中被釋放出來的廢熱，會用來製造蒸發式淡水製造機第一階段所不可缺少的水蒸氣。活用一般只能任其流失的廢熱。蓄熱溫度雖然越高越好，但另外還必須跟成本以及方便性達成妥協。圖2是各個部位溫度的範例，在此選擇的蓄熱溫度為550度的類型。550度的熱媒介會將熱能提供給熱電元件，溫度降低之後回到蓄熱裝置。在太陽熱集熱裝置之中收集、儲蓄熱電發電跟製造水蒸氣的熱量。

農業、林業、畜牧、礦業到電子等各種產業的基礎，都是電、熱、淡水這3大要素。能夠在同一個場所同時生產這3大要素的系統，期待將可以滿足全世界的許多需求。

- 許多地區都需要電、熱、淡水的聯產系統。
- 重點在於讓熱電發電的裝置與淡水用的蒸發器一體成型。

圖1 太陽熱使用型熱電發電聯產系統

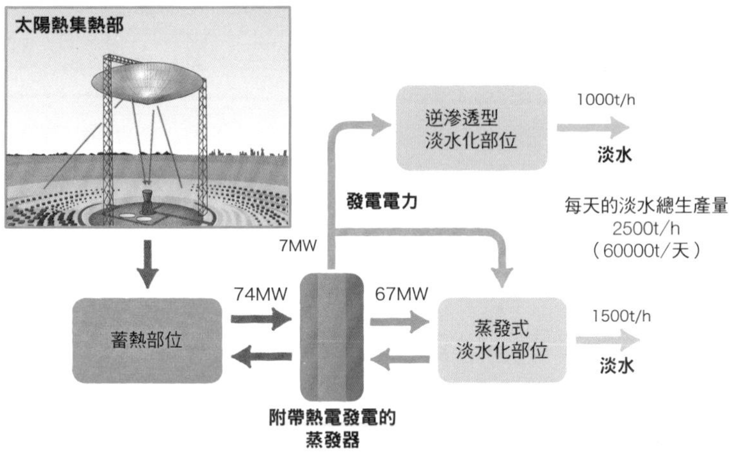

在太陽熱集熱部位與蒸發式淡水化裝置產生蒸氣的部位之間，插入熱電發電裝置來進行發電，架構出可以同時生產電、熱、淡水的系統。

圖2 每天提供6萬噸淡水的系統溫度分配範例

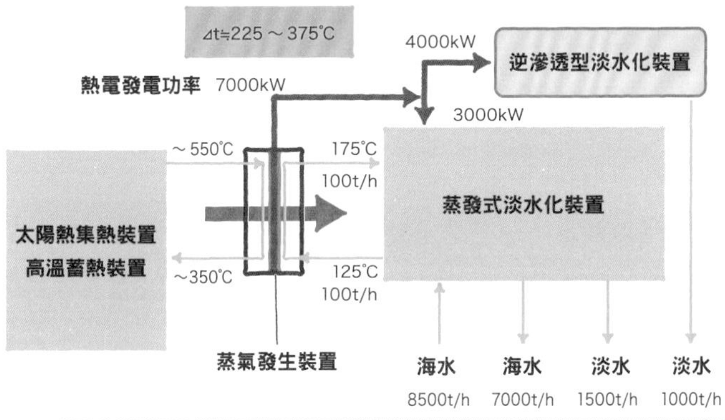

透過太陽熱的集熱溫度與淡水化裝置所需的蒸氣溫度之間的溫差，來進行熱電發電。有效利用熱電發電的排熱。

056

如何利用擁有各種不同溫度層的地熱能源

地熱能源是儲存在地球內部的熱能，地球誕生時因為重力與地殼之中鈾等放熱性元素的衰變熱所形成。地熱能源可以分成火山與非火山型兩大類。

在火山地帶的地表往下5～10公里之處，散佈有1500度到2000度的**岩漿房**。要將這個巨大的熱團實際當作地熱能源來使用，必須選出像圖1這樣，在地殼變動之中所形成的特定構造。首先必須要有適合將岩漿房的熱能傳播出來的岩石層（結晶質岩），並在上方形成有如碗狀一般可以蓄水的地層（透水性岩石），讓地表的雨水透過岩石的裂縫等滲透到地層之中，透過岩漿房的熱能來形成高壓高溫的熱水。當氣壓是1的時候，水會在100度沸騰，但在地底的高壓環境之中，則會以200度以上的液態（高壓熱水）來被儲存。從地表將挖掘導管插入，就會隨著蒸氣一起噴出。**地熱發電**就是利用這份壓力與溫度來進行發電。

如同圖2所顯示的，地熱發電系統會透過地熱蒸氣的壓力來轉動發電機的渦輪，藉此產生電力。目前透過這個方式，光是日本每年就生產大約100億kWh的電力。這個規模雖然不及廢棄物發電的每年168億kWh，但許多合適的地點都位於國家公園之中，今後要是能研發出無損於景觀的裝置，則可以成為非常具有潛能的資源。

非火山型的地熱能源，則是透過導熱來傳遞到地表的能量。會從距離地表100公尺的較淺的地層之中，以**地源熱**的形態取出。目前正嘗試性的用在區域性暖爐跟農業上。就潛在性的資源量來計算，透過熱水來使用大約會有2億7000萬kW（日本總電力設備的將近2倍）的潛能。

●地熱是取之不盡的能源，對擁有許多火山的日本來說屬於國產能源。
●地熱能源的形態有高壓熱水、熱水、非火山型地熱等相當多元。

圖1 形成高壓熱水的地層構造

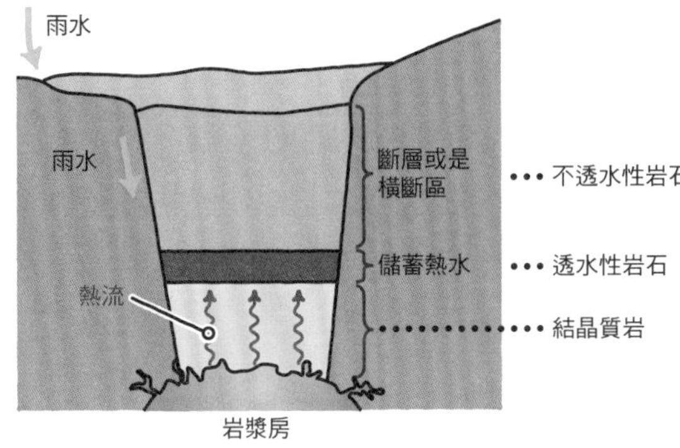

為了讓地熱形成高壓熱水，必須在岩漿房跟地表之間形成有如三明治一般的構造。

圖2 地熱蒸氣發電的機制

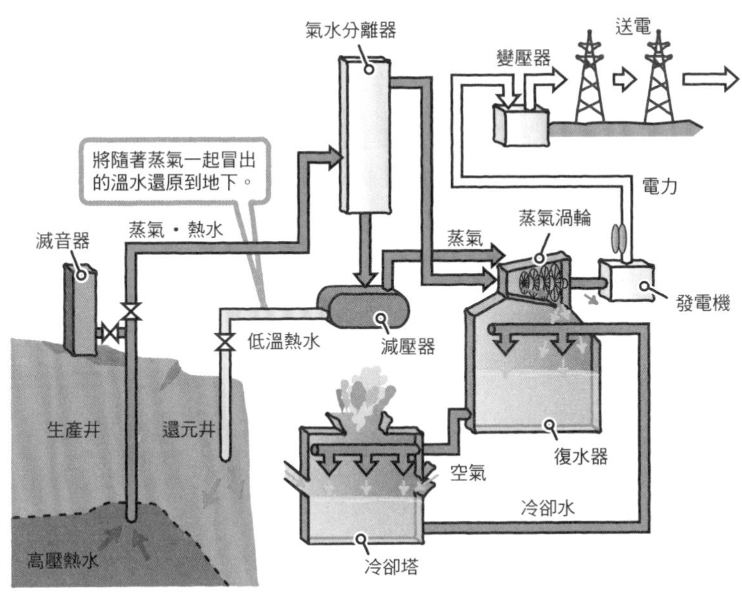

透過生產井將地熱的高壓熱水引到地表，用高壓蒸氣轉動渦輪來進行發電，低溫的水則透過還原井來回到地底。

057 使用溫泉熱來進行熱電發電的實績

溫泉是地熱能源的其中一種，也是溫度領域最低的能源，被區分為溫度領域53度以上到120度的熱水資源。根據（獨立行政法人）產業技術總合研究所的地熱資源評估，日本國土有22.2%符合條件的地點散佈於各地。這些地點同時也可以得到高熱的溫泉，可期待的熱能資源據說有8330MW。是與我們生活相當接近的可再生能源。

近年來有幾個溫泉地區開始嘗試**溫泉型熱電發電**，做為高熱溫泉散熱過程中的副產物。熱電發電的部位，可以當作換熱牆來思考，因此不論是在哪個溫度等級，都可以在不直接接觸熱源的狀況下取出電力。生產電力的大小，與溫差的平方跟溫水流量成正比。當泉水溫度太高無法直接當作溫泉來使用時，可以在不影響泉水品質的狀況下降低水溫，順便用來發電。生產出來的電力雖然不多，但還是可以補貼照明等較為少量的需求。

圖1是草津溫泉所使用的熱電發電裝置的外觀。熱電發電模組的裝設方式會像圖2這樣，用入口溫度95度的溫泉通路與10度泉水的冷卻通路來將模組夾住，將1面20片的模具串連成1組單元，透過8組來直接取出150W的直流電。熱電發電裝置整體的尺寸為高10公分、長1公尺、寬10公分。生產的電力在白天會用來當作LED燈、電視與顯示器的電源，晚上則是儲存到蓄電池之中販賣給電力公司。這個裝置在沒有維修的狀況下持續運作5年，記錄有3萬5000小時的持續運作記錄。活用那單純的構造，也可以由更大規模的熱水資源或蒸氣型的地熱能源來進行發展。

●透過熱電發電，溫泉也能成為日常用的電源。
●草津溫泉有著5年半以上沒有維修的持續運作實績。

圖1 草津溫泉的150W等級溫泉型熱電發電裝置

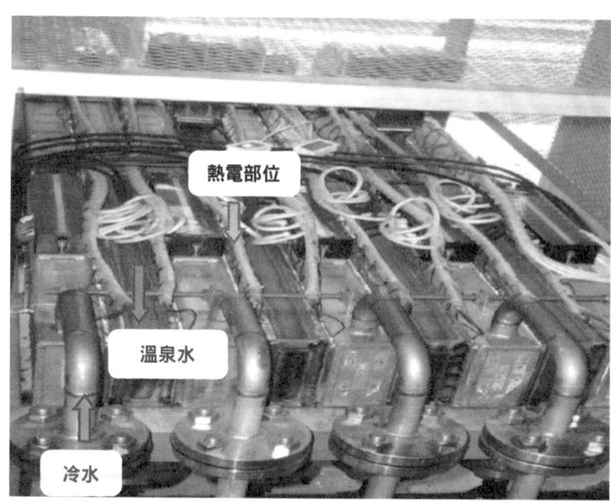

草津溫泉的溫泉型熱電發電裝置的外觀，用冷水跟溫泉水將熱電發電模組夾住。

圖2 貼在換熱部位的熱電發電模組群

將20片的熱電發電模組貼在換熱部位上，以8組單元來發出150W的電力。

058 適合設置在惡劣海洋環境上的海洋溫差熱電發電系統的機制

海洋的熱能，在太陽能量的加熱之下維持在20～28度，儲蓄在表面到水深100公尺的海水表層。另一方面，水深600公尺以下的深層海水則是在地球海水大規模的循環之下，維持在4～7度的低溫，形成冷熱兩種不同溫度的來源（圖1）。透過這兩種熱源，海洋溫差能量可以形成將近20度的溫差。

在過去的**海洋溫差發電**的研究之中所檢討的方式，是使用在常溫附近也能蒸發的低沸點液體，將媒介的溫度轉換成壓力差來使渦輪轉動的「密閉循環方式」。除此之外則是有使用海水來當作運作媒介的「開放循環方式」。兩者雖然在技術方面都有得到證實，但卻因為成本上的問題，到現在依然沒有被實現。根據「NEDO可再生能源技術白皮書」（2010年7月）所提出的數據，日本在2020年之前期待可以用海洋溫差發電生產510萬kW的電力、2030年則是增加到2550萬kW，就全球性的觀點來看是很有將來性的可再生能源。

由於熱電發電的構造極為單純，在環境狀況嚴苛的海上也能發揮那容易維持運作的特徵，因此提出了熱電型的海洋溫差發電。圖2是提高換熱效率的新型海洋溫差熱電發電系統的概念圖。溫熱的海水從表層蓄水池來進入換熱部位，將熱傳遞給熱導管來提高熱通量（每個單位面積的熱流量），然後將溫度差與熱流傳遞給熱電發電模組。另一方面通過熱電發電模組的的熱流，會從**熱導管**來將熱釋放到海洋深層的冰水之中。藉此讓熱電發電模具產生直流電。這個溫差所能實現的理想熱機效率大約是6%，就熱電發電的現狀來看，則是這個數值的4分之1到5分之1左右。

- 海洋溫差發電會利用表層海水與深層海水大約20度的溫差。
- 海洋溫差發電跟其他方式相比構造單純，沒有可動的部分。

圖1 海洋縱深溫度分布圖

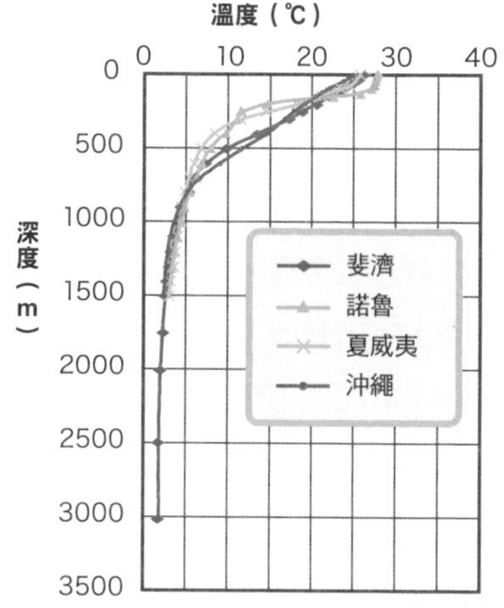

適合裝設的主要海域的年度平均縱深溫度分佈。是否合適的判斷基準之一，是表層與深層的溫差大約有20度。

圖2 熱電型海洋溫差發電的概要圖

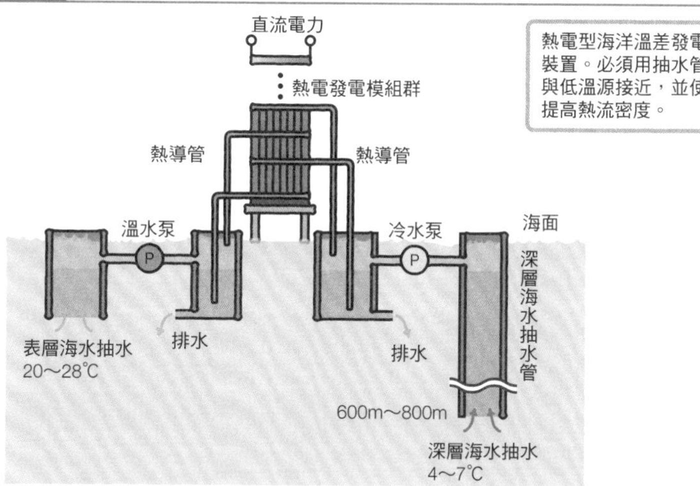

熱電型海洋溫差發電系統的主要裝置。必須用抽水管來讓高溫源與低溫源接近，並使用熱導管來提高熱流密度。

用語解說

熱導管→在密閉的空間內灌滿液體等媒介，透過蒸發與凝結來進行換熱。散熱之後凝結的媒介，會透過內部的細溝來回到高溫一方（參閱右圖）。

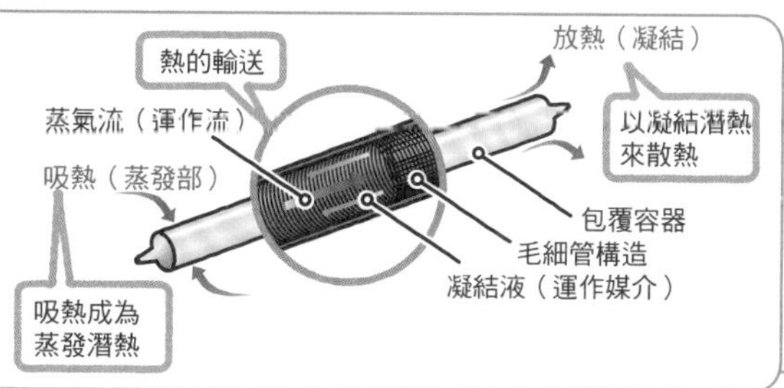

059 存在於各種場所之廢熱的溫度與形態

燃燒化石燃料所能得到的高溫與電熱器所發出的熱能，在製造工業材料或加工零件、製造成品的過程之中都會用到。這些熱能在達成目的之後會任其消散、廢棄。要是能將這些廢熱回收使用的話，那將可以成為非常有效的能源。只要產業活動不斷的持續下去，這些熱能就會不斷的產生，因此也是一種可再生能源。

在能量系統之中，注入總能量的29%左右會成為**轉換損失**。其中的絕大部分是在轉換成電力時流失。另外，在產業活動與運輸、旅客運送部門以及日常家庭生活、大樓辦公業務之中，真正被使用的能量據說只有30～40%，除此之外最後都是成為熱能被釋放出去。也就是說我們所投入的總能量之中，有50～57%在轉換成各種形態的時候流失。

這些沒有被使用的熱能，許多都分散在中小規模的業者身上，很難透過傳統的發電方式來進行活用。但在熱電發電的場合，只要有熱源馬上就能轉換成電力，可說是適合這些廢熱能源的發電方式。

在產業部門之中，各個部門所使用的溫度領域如圖1所顯示，透過熱能的階段性利用之後，可以預測最後排放出來的廢熱會有多少。另外也有檢討使用電熱爐幅射熱能的熱電發電，以及金屬加工的過程之中預熱鍋爐所排放的熱能。在民生部門之中，將是回收投影機等業務用機械的廢熱跟家庭內熱水爐的排熱等小規模的分散型廢熱。

也有熱電手錶跟感測器一體成形的溫度監視器等，利用人體跟低溫地熱所排放熱能的**環境熱能（Energy Harvest）熱電發電**。

●只要經濟性活動持續下去，廢熱就是取之不盡的可再生能源。
●沒被使用的廢熱是超分散型的能量來源。

圖1 產業排放熱能的溫度領域

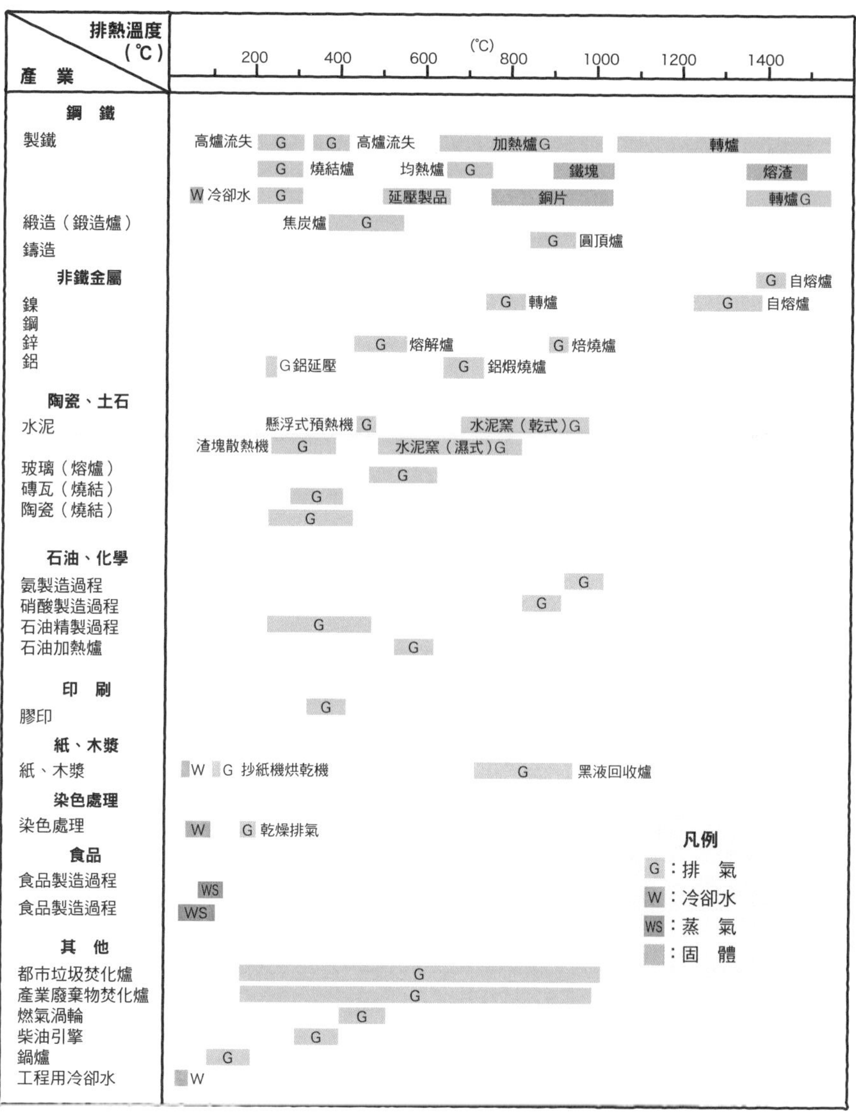

廢熱的溫度與份量會隨著產業的種類而不同，必須充分掌握其時間變化、季節性變化等常時性變動的性質。要是能當場轉換成電力的話，將會成為方便使用的能源。

利用汽車排熱的熱電發電是地產地消的能源形態！

燃燒汽油與輕油來驅動引擎的汽車、巴士、卡車等交通工具，實際移動所需的能量就如同圖1所顯示的，其實只有25～30%左右。其他幾乎都成為熱能來流失掉。在流失的熱能之中，大約有30%是汽車的排氣，擁有400～500度的高溫。這雖然是價值相當高的能量來源，但一直到今天都沒有被活用過。

目前日本大約有7800萬輛汽車，其中供人搭乘的大約有4000萬輛。也就是說全日本最終消耗的總能量之中，有21%被用在運輸上。如果能將它們的廢熱轉換成電力，每年的產值將會高達4720億kWh。

可以將交通工具的排熱當場轉換成電力的熱電發電，從構造的精簡性來看，有可能會是非常有效的發電方式。目前雖然還沒有實用化，但已經進展到實際裝在車上，利用排氣來發電的實地測試階段。

2000cc的汽車排氣所擁有的熱量大約是4kW，溫度為400～500度。這份排氣流到熱電發電模具的熱流，透過換熱器的效率會成為大約1半的2kW，假設熱電發電模組的效率為10%，則可以得到200W的電力。

圖2顯示的是熱電發電系統的效率跟燃料改善率的關係，這是由排氣的熱回收率（換熱效率）跟模組效率的積所計算出來。另外當然也跟汽車的速度有很大的關係，高速公路與都市道路，產生的電力當然也不相同。目前以5%的燃料改善率為目標，將來有可能可以提升到10 %。

不光只是汽車，另外也有考慮用摩托車跟推土機等土木工業機械所排放的廢熱來進行熱電發電。

●汽車所排放的廢氣相當於400度以上的熱能。
●汽車廢氣總能量龐大，最適合單純、精簡的熱電發電系統。

圖1 汽車能量的流向

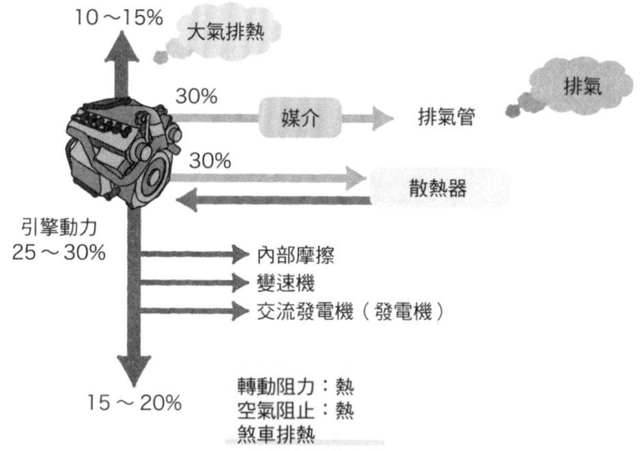

汽油的能量有75～80%被當作熱來釋放出去。特別是排氣管所釋放的廢氣具有高溫，是用來進行熱電發電的第一候補。

圖2 熱電發電的效率跟改善燃料費的關係

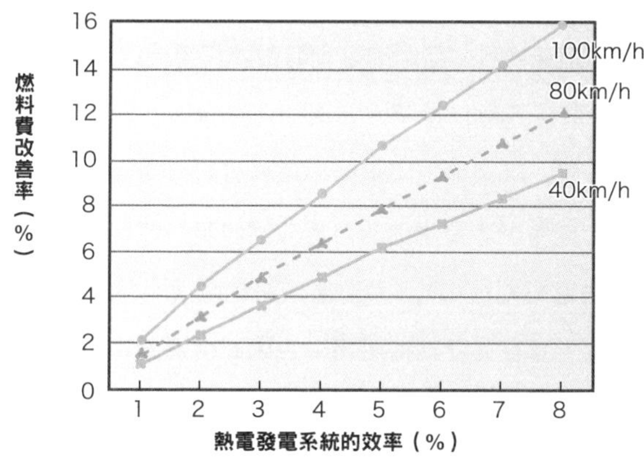

熱電發電的效率提高，燃料費改善率也會跟著上升。但汽車的速度也有很大的關聯，高速公路與市內道路會出現2倍左右的落差。

061 如何利用周遭燃燒廢棄物所產生的熱能

食品容器跟包裝所使用的塑膠、影印之後不要的紙張、家庭用品等等，許多日常用品一旦失去用途，就是丟棄回收。這些日常生活與企業活動所產出的垃圾，被稱為**都市廢棄物**。圖1是都市廢棄物所會包含的內容物，最近像紙張這種熱量較高的物體有增加的傾向。由各種產業所造成的垃圾，則被稱為**產業廢棄物**。

根據調查，每個人一天會製造1公斤的都市廢棄物，日本全國每年會產出4600萬噸左右。在這1公斤的廢棄物之中，如果換算成汽油的話則相當於0.3公升左右的能量，因此廢棄物也可以說是純國產的可再生能源之一。

在日本，都市廢棄物屬於市、鎮、村等各個地方自治體的管轄，其中75～85%會被燒掉。在每天處理份量超過200噸的大規模焚化廠，就如同圖2所顯示的，會用焚燒垃圾的熱能製造高溫、高壓的蒸氣來轉動渦輪進行發電，用蒸氣發電的方式回收部分能量。目前廢棄物發電的規模大約為123萬kW，相當於1座核能發電廠，但最近數量幾乎沒有增加。這是因為對於不具有大規模設備的中小型焚化廠來說，蒸氣發電不但效率不佳且構造複雜、維修管理麻煩且不合乎成本，因此改成用溫水蓄水池的方式來回收焚燒垃圾的熱能。但就算是中小規模的焚化爐也會有高達650～800度左右的溫度，溫水池等所能回收的熱能大約只有數十度，實在是非常的可惜。也因此構造簡單、與規模效率比較無關的熱電發電開始受到矚目。最近材料上的創新，讓中小規模的焚化廠也開始可以得到利益。

- 1個人1天會製造1公斤的都市廢棄物，相當於0.3公升的汽油。
- 大規模焚化廠會用蒸氣發電來回收電力、中小規模只會利用熱能。

圖1 都市廢棄物的內容

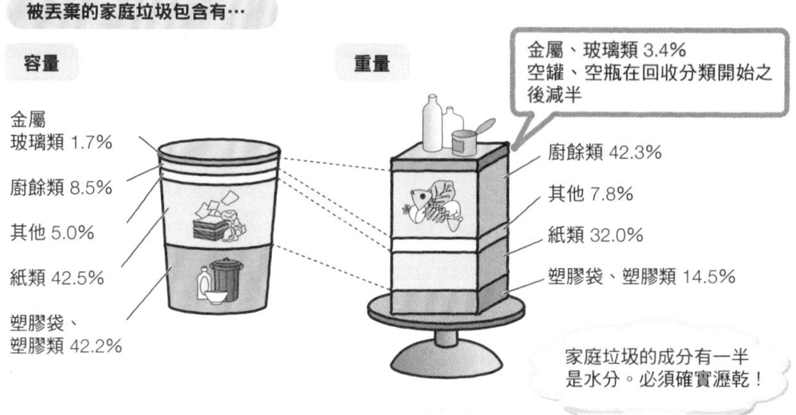

就能量來看，在最近紙類跟塑膠類有增加的傾向，讓焚化爐的燃燒溫度上升。

圖2 垃圾焚化廠用蒸氣發電回收電力的機制

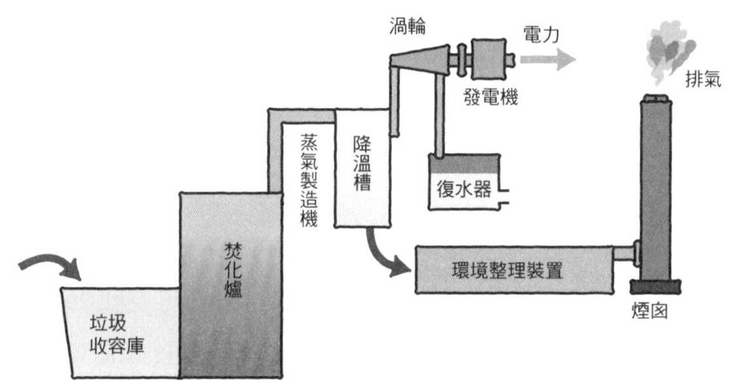

垃圾燃燒起來並不容易，需要相當高的能量。為了不讓排放的氣體污染環境，另外還需要淨化排氣的裝置。

062 利用燃燒廢棄物熱能的熱電發電該裝設在哪裡？

對於燃燒都市跟產業廢棄物所產生的熱能，提出有透過熱電發電裝置當場轉換成電力，回收成為燃燒垃圾所需電力的方式。圖1是都市廢棄物焚化爐引進熱電發電裝置的想像圖。焚化爐內有著650～800度的高溫，有時甚至會排出將近1000度的燃燒廢氣。這些廢氣會經過蒸氣製造機跟降溫槽、空氣預熱器等各種通路之後降溫，並將氮化合物跟硫磺化合物等對環境有害的物質去除，最後透過電動集塵器從煙囪排放到大氣之中。給焚化廠所使用的熱電發電，目前所考慮的有利用爐內高溫的爐壁型熱電發電。在預熱空氣與降溫槽等150～600度的中溫部位，則可以採用瓦斯換熱的方式。通過電動集塵器之後溫度為150度以下的低溫部位，則可以用熱導管來將熱集中。

在高溫領域的焚化爐內，會如同圖2所顯示的，將熱電發電模組裝在爐壁上。低溫瓦斯的領域則可以使用（058）所介紹的熱導管，將稀薄的熱能集中，提高成創造溫差所需的**熱通量**（每個單位面積的熱流量）再來傳遞給熱電發電模組。要是有可以在高溫之中使用的熱導管，則可以更進一步提高效率，因此也期望將來可以有成本較低，且能夠在200～400度之中安全使用的熱導管出現。發電裝置的主要部位（照片），是在連接管徑（25公釐）2倍高度的散熱片（厚度0.6公釐、間隔5公釐）的熱導管（長度1公尺）、熱電發電模組本身，以及液冷裝置。熱導管會以7度傾斜，讓內部的運作媒介可以透過重力來回流。

另外還有所謂的**熱量虹吸**（Thermo Syphone）換熱法，將燃燒氣體的熱能付予給氣壓1的氣體媒介成為蒸發潛熱，在熱電發電模組的表面凝結轉移熱能，這也是非常有效率的換熱手法之一。

●熱電發電最適合讓中小規模焚化爐有效利用燃燒熱。
●高溫：爐壁型、中溫：換熱式、低溫：熱導管型。

圖1 都市廢棄物焚化爐所能使用的熱電發電系統

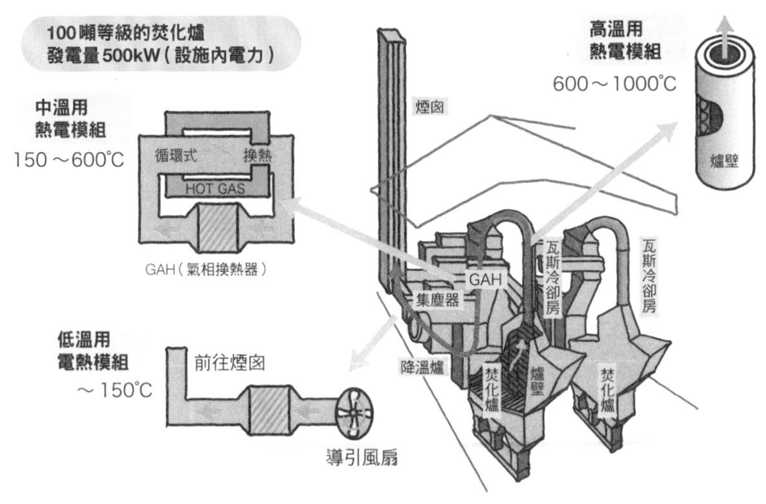

焚化爐中有許多不同溫域的氣體流動，必須配合各個部位來設計熱電發電模組。

圖2 高溫用爐壁型熱電發電的組成範例

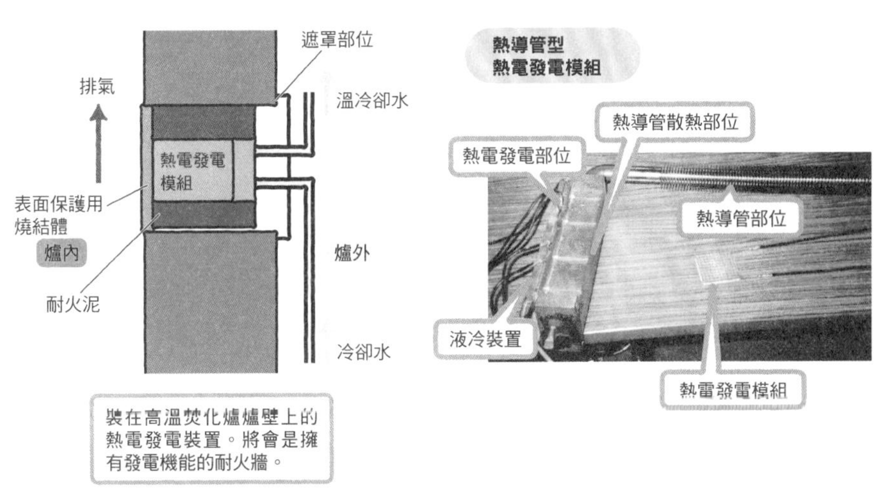

裝在高溫焚化爐爐壁上的熱電發電裝置。將會是擁有發電機能的耐火牆。

063 給分散型可再生能源所使用的熱電發電的課題

熱電發電裝置沒有需要轉動的部分，構造單純且可以直接生產電力。同時還不會產生噪音，可在通常壓力之下使用，也不會造成環境汙染。雖然必須使用適合熱源溫度的電子元件，但發電效率比較不受規模的影響，可以透過大量生產來降低製造成本。一旦開始普及，擴展的速度有可能會非常迅速。

目前普及上最大的障礙，在於成本。熱電發電的成本取決於熱電轉換裝置本體，以及取得熱能、釋放熱能、電力管理部位的建設費用。其中最大的主因，在於熱電轉換部位的材料費用與材質的能量轉換效率。效率要是可以達到2倍，裝置大小跟材料費用都可以減少一半，運送費用跟裝設費用也會跟著降低。

傳統型的熱電發電裝置跟其他發電技術相比，能量轉換效率一直都處於低迷的狀況。但近年來開始出現幾種可以大幅提高性能的新技術，以往只有5%的效率被證實可以提高到10～15%，甚至出現有20%以上的可能性。

理想性的熱電材料被稱為**PGEC**（理論晶體模型），這種理論性材料的晶體構造之中，負責導熱的聲子（Phonon）的行動有如玻璃相（Glass）一般讓晶體的導熱率降低，但搬運電力（Electron）的電子等卻有著如同結晶（Crystal）一般整齊的構造。以這個性能要求來觀察地球上的各種物質，並且配合奈米技術，高性能材料的可能性終於出現。另外也有研究是透過廉價與大量的觀點來進行。這些材料可以用來將汽車的廢熱、燃燒廢棄物、工業鍋爐所排放的熱能轉換成電力，目前已經進入安裝啟用的階段。

圖1所顯示的是熱電材料高性能化（無因次性能指數ZT會大幅影響轉換效率）的變遷。可以看出正迅速的往高性能化邁進。圖2是熱電發電系統與各個溫度領域的關係。

●隨著提高轉換效率的新型熱電材料的登場，普及化的可能性開始出現。
●廢熱利用已經進入安裝啟用的時代。

圖1 熱電材料性質上的變遷

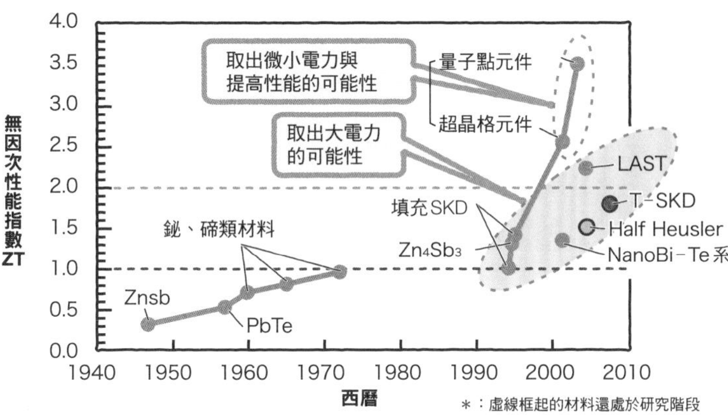

ZnSb、Zn 4 Sb 3 ：鋅－銻類化合物
PdTe：鉛碲
LAST：銀—鉛—銻－碲（Ag－Pb－Sb－Te）化合物
填充SKD：在結晶空隙內填充1種元素的方砷鈷礦化合物
T－SKD：填充3種元素的方砷鈷礦化合物
Half Heusler：Half Heusler化合物
Nano Bi－Te類：奈米粒子化的鉍－碲化合物

近10年來熱電材料的性能出現迅速的進步。ZT是用來恆量性能的指標，不久的將來會將2.0以上、可以取出大量電力的元件當作目標。

圖2 熱電發電系統與各個領域的溫度

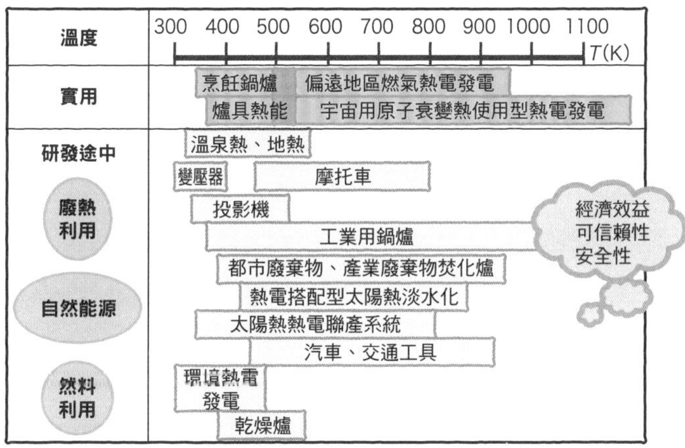

具備經濟效益、可信賴性、環境安全性的熱電發電所擁有的可能性，遍及各種溫度範圍。

COLUMN

熱電發電屬於熱機的一種，有4種傳遞熱能的方法！

只要在導體兩端有溫差存在，就能產生電動勢，只要有電動勢就能得到電力嗎？ 答案是「否定」的。要將電力取出，必須要有電流流動。此時熱能會與電荷一起被搬運，因此必須一邊維持溫差，一邊將搬運出來的熱能捨棄。也就是說，高溫一方必須用高溫源持續加熱導體的一端，而另一邊則必須持續將熱釋放給低溫源才行。雙方熱通量的落差，才會能取出來成為電力。擁有這種機制的機關，被稱為**熱機**。

從熱電發電的觀點來看，相當於從高溫源取得熱能，並從低溫源將熱釋放出去。在取得跟釋放熱的時候，為了讓熱能可以移動，分別要有溫差存在。溫差的大小，取決於要流動的熱通量大小，跟熱的傳播方式。

熱的傳播方式可大分為4種。一個人想要知道物體的溫度時，首先會用手去觸摸。此時若是物體跟手掌之間有溫差存在，那就會被奪走熱能而感到冰冷，或是有熱能進入感到溫暖。這是**熱傳導**的方式。另外站在有風吹過的地方，會出現冷或熱的感覺，這是風的流動在傳遞熱的現象，稱為**對流**。而不管風再怎麼冷，只要避開風站到陽光之下就會感到溫暖，這是因為太陽用**幅射**這種方法在傳播熱。就算太陽與自己相隔非常的遙遠，甚至有宇宙的真空阻隔，幅射還是會將熱傳播過來。第4種方法則是蒸發或凝結等，從液體變成氣體，或是從氣體變成液體，透過狀態變化（**相變**）來傳遞熱的方式。以日常生活來舉例的話，夏天在地面潑水之所以會變涼，是因為水在蒸發之後用蒸發潛熱讓自己周圍的空氣變冷。

這4種傳遞熱能的方法，分別被用在熱電發電的各個部位，藉此來將整體的效率理想化。

生物質的可能性

生物質是植物與動物，以及從中發展出去的可再生能源，
其種類與利用方法非常的多元。
本章會用能源技術的觀點來介紹生物質的整體狀況。

生物質是來自工業所使用的生物體資源

生物質（Biomass）一詞，是由代表生物的“Bio”與帶表質量的“Mass”組合而成的生態學之中的專有名詞（圖1）。於1934年俄羅斯學者波格洛夫的論文首次使用，定義為「於生態系統的生物循環之中，包含生物在內的一切有機物」，但大多會具體解釋成「可當作能源或工業原料的生物以及來自生物的資源」或「來自於植物或生物的可再生資源」。

植物會用太陽的能量，將從土壤吸收的水分與空氣之中二氧化碳的碳固定，進而將有機物儲蓄在組織內部。動物則是攝取這些有機物來創造體內的組織，轉換成生命活動所需的能源。另外像菌類等微生物，則是負責分解動植物的組織或有機物，有機物被微生物分解成有用物質的現象，被稱為**發酵**。

如同圖2所顯示的，跟化石資源還有礦物資源相比，生物質的種類非常多元，分布範圍也極為廣泛。也因此生物質可以分成❶樹木等形成森林的木本植物、❷甘蔗、玉米、狼尾草等草本植物、❸水萍等水生植物、❹在海水之中生育的海藻、❺跟植物一樣透過光合成來成長的細小藻類、❻廢棄物生物質等6大類。其中廢棄物生物質雖然是不符合使用目的而被拋棄的生物質，但若是有其他用途存在，則會被當成副產物來使用。比方說家畜的排泄物跟下水道的污泥可當作堆肥，或是透過甲烷生成作用來成為燃料。化學木漿製造工程之中所排放出來的黑色有機液體，也就是所謂的黑液，100%可當作鍋爐燃料使用。

●生物質是來自於動植物的可再生能源。
●生物質的種類極為多元，一般可分成6大類。

圖1 何謂生物質

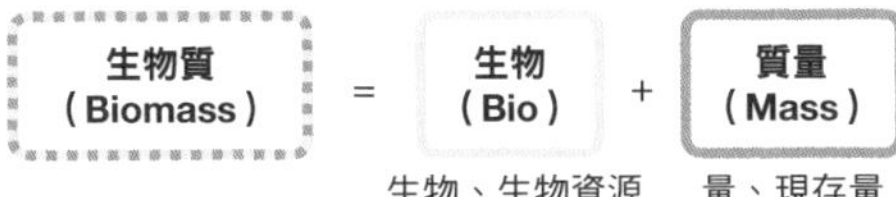

生物、生物資源　量、現存量

生　物　=　**有機物**
由碳(C)、氫(H)、氧(O)、氮(N)所構成

圖2 生物質的種類與分布

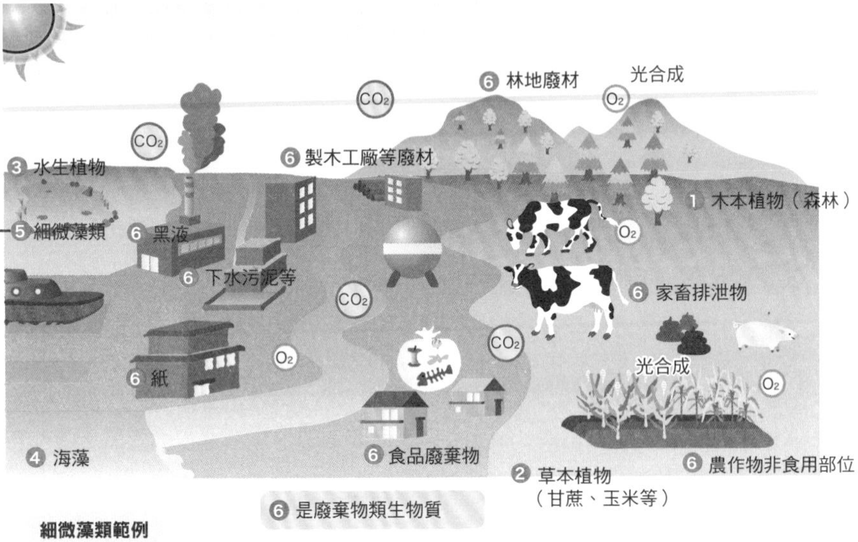

6 林地廢材
光合成
CO_2
O_2
3 水生植物
6 製木工廠等廢材
1 木本植物(森林)
5 細微藻類
6 黑液
6 下水污泥等
6 家畜排泄物
6 紙
光合成
4 海藻
6 食品廢棄物
2 草本植物
(甘蔗、玉米等)
6 農作物非食用部位

6 是廢棄物類生物質

參考:(社會法人)日本有機資源協會(JORA)小冊子

細微藻類範例

5μm

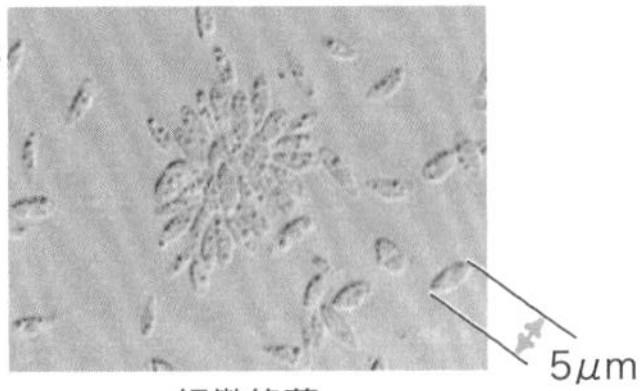

細微綠藻
(Pseudochoricystis)

引用:日本經濟新聞電子版 2010年6月15日

生物質資源分布於地上的每個角落,可分為6大類。

用語解說

生態系統 → 動物、植物、微生物跟這些生命周圍的環境。

065 被保存為自由能的生物質基本特性

人類進行社會性活動所不可欠缺的要素有「食物、物質（材料）、能量」，而生物質是唯一可以持續性提供這一切的資源。另外，生物質的泉源來自於透過太陽光能量持續製造有機物的植物，因此也被當作是可再生能源的一種。跟太陽光、風力、地熱不同的是，生物質的能量是以自由能的形態來保存。就這點來看，它與石油、煤炭、天然氣等較為接近。因此若是用生物質來產生電力、動力，好處是可以由人類自由的控制，甚至直接套用在運用化石燃料的基礎設施上。

在使用生物質的時候，必須考慮到生態系統原本所維持的生產力以及整體的協調性。比方說如果過度使用植物資源的話，則必須注意土地的生產能力是否會因此下降。特別是森林資源，必須適量使用、適當管理，以維持健全的森林。

生物質雖然是可再生能源，但分類上被認為是碳中和資源，而不是**低碳**（圖1）資源。理由是因為燃燒生物質雖然會排放二氧化碳，但植物在生育的過程之中反而會吸收二氧化碳，因此不過是將吸收的份重新釋放到大氣之中。若是在植物成長的過程之中，以化石燃料為原料來投入過多的肥料，或是加工跟運輸時使用過多的化石燃料，那就很難稱得上是碳中和資源。美國用玉米生產乙醇的過程之中，就出現了這個問題。一般會用**生命週期評估**（LCA）來衡量這點，這個方法另外也被稱為「從進搖籃分析到進墳墓的那一刻」。

- 生物質儲存能量的形態為自由能。
- 生物質是碳中和資源。

圖1 何謂碳中和

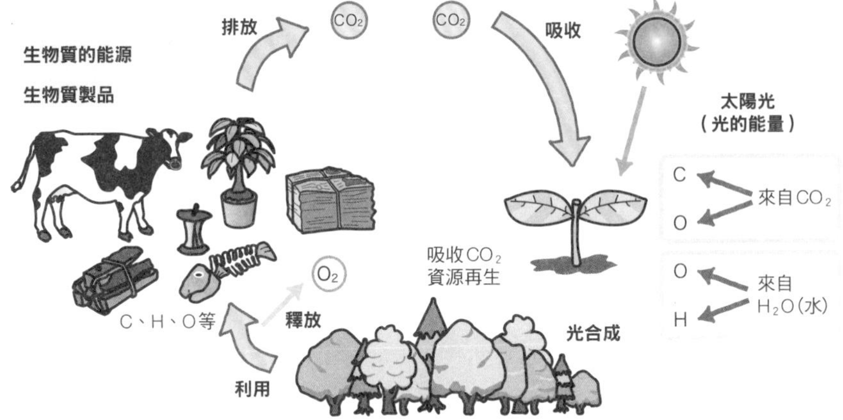

生物質所產生的碳（C）原本是大氣之中的CO_2，但在植物成長的過程之中被用光合成固定在組織內部。因此燃燒時雖然會產生CO_2，但大氣中實質性的CO_2並不會增加。

圖2 至今所使用過的化石資源的社會

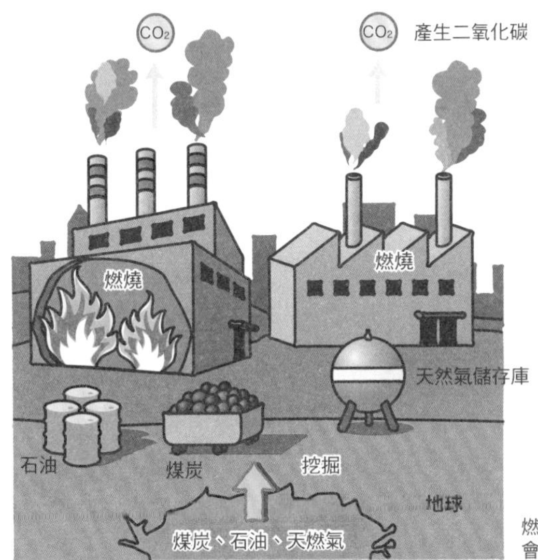

燃燒化石資源會產生CO_2

用語解說

生命週期評估 → LCA：Life Cycle Assessment
低碳 → 不會排放二氧化碳等地球暖化氣體

066

生物質是最適合地產地消的資源

生物質並非只有餿水油等廢棄型的資源，農作物、樹木、草跟藻類都是廣為分佈的生物質一般性資源，因此可以算是**地產地消型的能源**（圖1）。其他可再生能源雖然也有這種特性存在，但生物質水分含量特別的高、形態複雜且不規則，跟化石燃料相比大量儲存與運送的難度要高出許多。而在太陽光與風力的場合，必須要變換成電力才會產生價值，一旦轉換成電力，不論是輸送到遠方還可以用蓄電池來進行儲存，都相當的容易。2005年由日本農林水產省展開的「生物質城鎮構想」就是以這個地產地消的特性為前提，目標在於設計出符合該地區特性的持續性生物質能源形態。

根據地球生態學課本上的記載，地球誕生於46億年前，生命則是誕生於38億年前。在那之後的18～20億年前，地球的表層似乎被大氣跟水所包覆，生物界也是由進行光合成的藍藻跟以此為生的菌類所支配。在這些原核生物所進行的光合成之下，大氣之中的氧濃度漸漸提高，生物也迅速的往呼吸的方向來進化。附帶一提，人類一直要到大約500萬年前才會誕生。

根據以上的考察，生活在地球上的所有生物，其共通的原點都是圖2所顯示的**光合成作用**。這個身為植物主要機能的光合成，是透過葉綠素來使用太陽的能量，從6莫耳的二氧化碳與6莫耳的水之中製造出1莫耳的糖（葡萄糖：$C_6H_{12}O_6$）與6莫耳的氧的化學反應。這個反應的詳細說明，請容許我們交給更為專門的書籍。

●生物質資源一般含有較多的水分且大多形態複雜。
●光合成是用二氧化碳跟水來製造糖跟氧的化學反應。

圖1 適合地產地消的廢棄型生物質

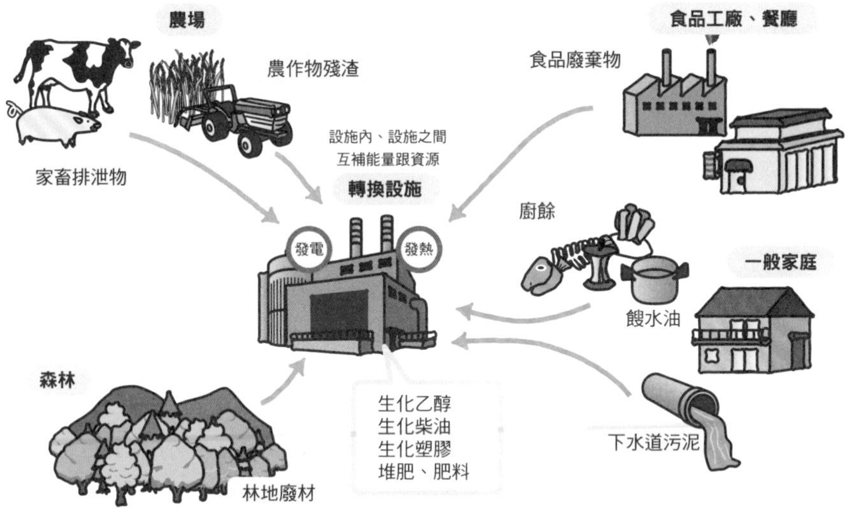

廢棄型生物質不適合用來大量儲存、運送，況且可以取得的種類相當多元，是適合地產地消的能源。

圖2 何謂光合成

從大氣吸收　　太陽能　　排放到大氣

$$6CO_2 + 6H_2O \rightarrow C_6H_{12}O_6 + 6O_2$$

從地下吸收　在葉綠素中　（糖）

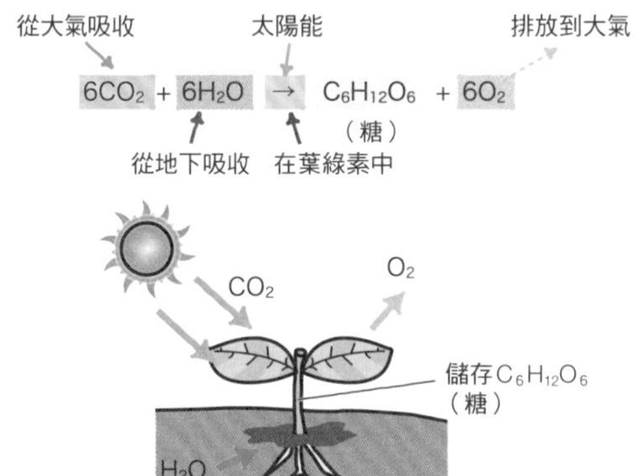

用語解說

莫耳 → 原子非常的小，無法1個1個測量它們的質量，因此在化學之中會用6×10^{23}個的原子來代表其質量。除了原子之外，分子跟電子等粒子，也必須要有這個數量聚集起來才能測量，因此將這個數量的粒子群體稱為1莫耳（mol）。

067 生物質在生物質日本總合性戰略之中的分類

日本政府以促進生物質的使用率為目的，制定了「生物質日本總合性戰略」政策。其中將日本國內所能得到的生物質資源，按照起源分成廢棄物生物質（圖1）、未使用生物質（圖2）、資源農作物（圖3）、新種農作物等4種類型。

廢棄物生物質包含家畜的排泄物、下水道的污泥、黑液、廢棄紙張、廚餘、木材工廠的廢料、工地所剩下的木材等等。在這之中，廚餘的20%會用來製造堆肥跟飼料，剩下的80%則沒有被使用，目前許多地區正熱絡的展開各種行動，來活用這個部分的資源。其中最引人注目的動向，是將家庭拋棄的餿水油重新提煉成輕油，也就是柴油引擎的燃料（BDF）來給汽車使用。目前京都市內有220台垃圾車是用BDF來行駛，市區巴士則是使用混入20%BDF的B20燃料。餿水油的回收交給由自治團體規模的專門業者來進行，可以說是地產地消的代表性活動之一。

未使用生物質則是有秸稈、米糠、麥稈等農作物不可食用的部位，以及間伐材或林地剩餘的廢材等等。秸稈、米糠等被稱為纖維素生物質，就算拿來使用也不會阻礙糧食供給的，因此使用上非常受到大家歡迎，技術也熱絡的受到研發。

資源農作物包含甘蔗、甜菜等糖質資源，玉米、稻類等多年生植物的農產資源，油菜跟向日葵等油脂資源。**新種作物**則假定有生長在海中或淡水的植物，以及基因資源或傳統農作物透過品種改良、基因重組來提高生產能力的農作物資源。

- 用過的餿水油會重新提煉成柴油來使用。
- 秸稈、米糠等纖維素生物質的使用受到大家歡迎。

圖1 廢棄物生物質

a 畜產資源
（家畜的排泄物等）
b 產業資源
（木漿廢液、廢棄紙張等）
c 食品資源
（加工殘渣等）
油
d 林業資源
（木材工廠廢料、建築廢料等）
e 下水污泥

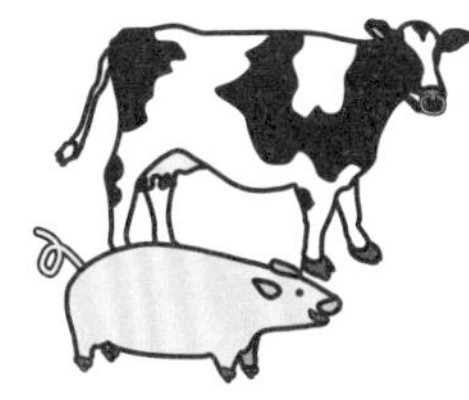

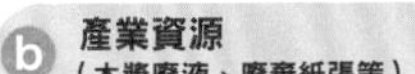

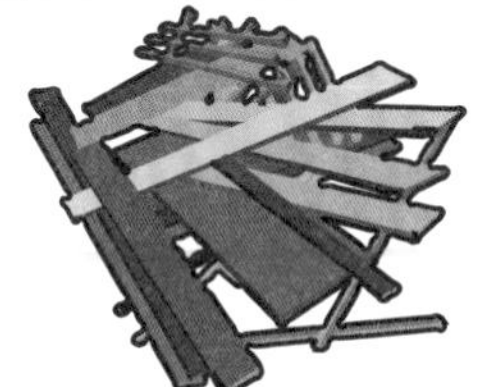

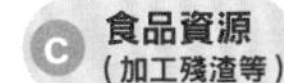

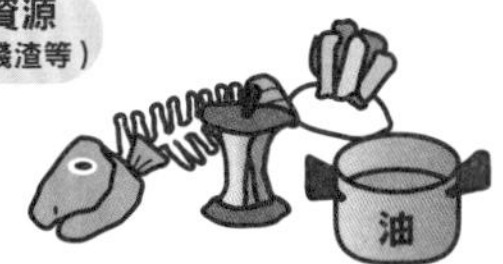

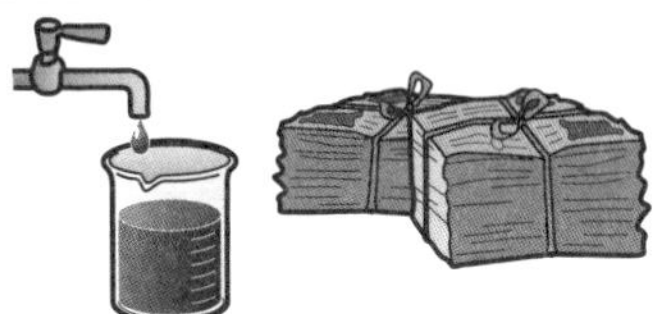

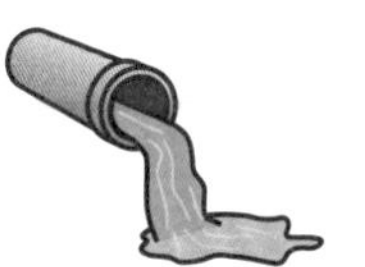

圖2 未使用生物質

a 林業資源
（間伐材、林地廢材）
b 農產資源
（秸稈、米糠、麥稈等）

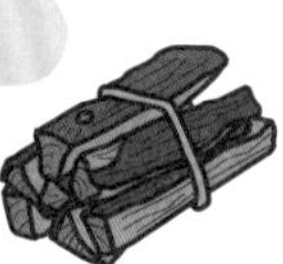

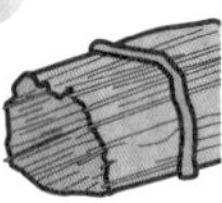

圖3 資源農作物

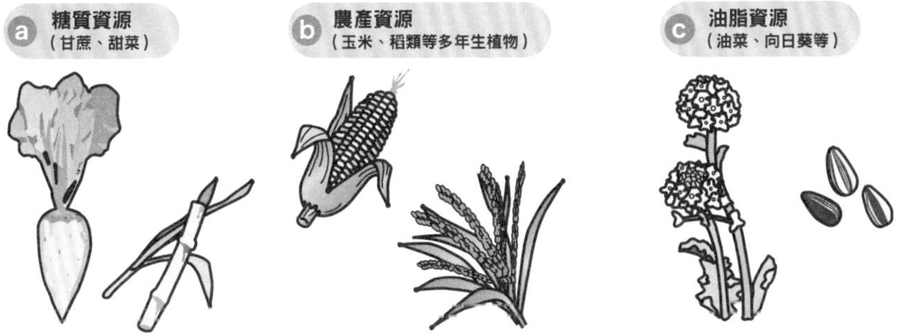

a 糖質資源
（甘蔗、甜菜）
b 農產資源
（玉米、稻類等多年生植物）
c 油脂資源
（油菜、向日葵等）

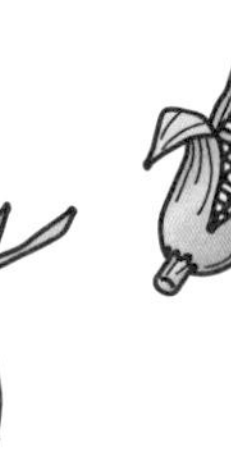

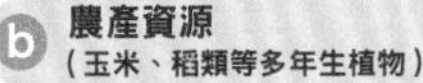

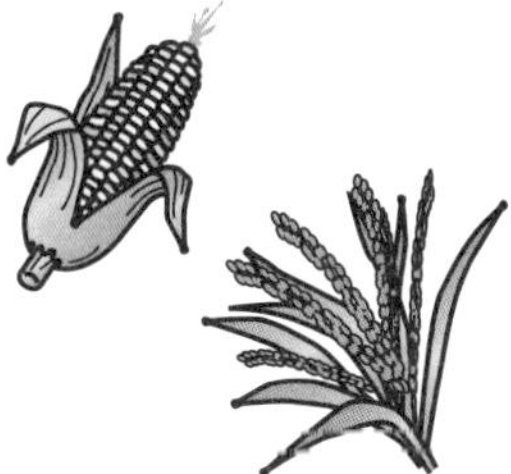

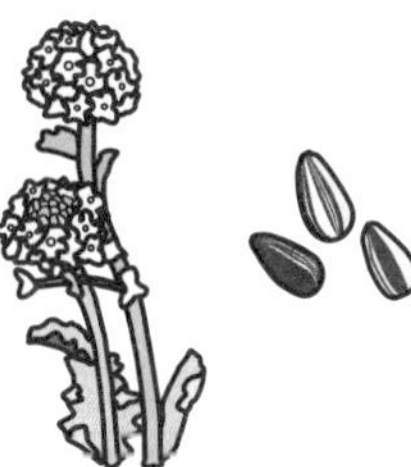

用語解說

BDF → Bio Diesel Fuel。由餿水油等用過的食用油所提煉的燃料。
纖維素生物質 → 在植物細胞壁主成分的多糖類含有纖維素的生物質。纖維素是地球上存在數量最多的天然高分子之一。

068 日本森林的現狀與能量的使用量

日本是擁有豐富森林資源的國家，森林所佔的面積高達25萬平方公里，是全國國土的67%。根據2006年所公佈的「日本溫室氣體清單報告書」，日本的森林在2004年度吸收了大約9400萬噸的二氧化碳到組織內固定成碳，換算成生物質的話相當於5000萬噸（絕對乾燥重量）。假設生物質的熱量為20MJ（兆焦耳、$M=10^6$）／kg，則代表日本的森林1年下來儲蓄了高達1000PJ（千兆焦耳、$P=10^{15}$）的能量。而且碳的累積量跟1990年相比多出26%，這個事實代表森林成長面積的絕大部分被放置沒有使用。

這可以說是銀行之中儲存的能量增加，乍看之下似乎是好事，但專家卻也提出「若是放置森林不管，太陽光所能照射到的面積會相對性的變小，讓樹木的成長衰退，成為細小樹林到處林立的不健康山地」的警告。日本對於森林的照料之所以會變得疏忽，是因為木材方面的需求被外國較為廉價的木材取代。1960年代幾乎有9成的木材都由國內自己供應，現在卻在20%以下的水平推移。日本木質生物質的使用量，根據各種統計資料所顯示，推測是220PJ，其中有4分之3是硫酸鹽製漿法等化學製漿工程所排出的有機性廢液（**黑液**）。黑液含有大量的水分，剛形成時固體成分的濃度為通常的15～20%，因此會在濃縮工程之後用回收用鍋爐等專用的設備來進行燃燒。回收用鍋爐在燃燒有機物來得到能量的同時，會順便將無機物（鈉跟硫磺）回收，再次用在造漿工程上。

- 日本的森林每年吸收將近1萬噸左右的二氧化碳。
- 日本所使用的絕大部分的生物質為黑液。

圖1 透過樹木所固定的二氧化碳

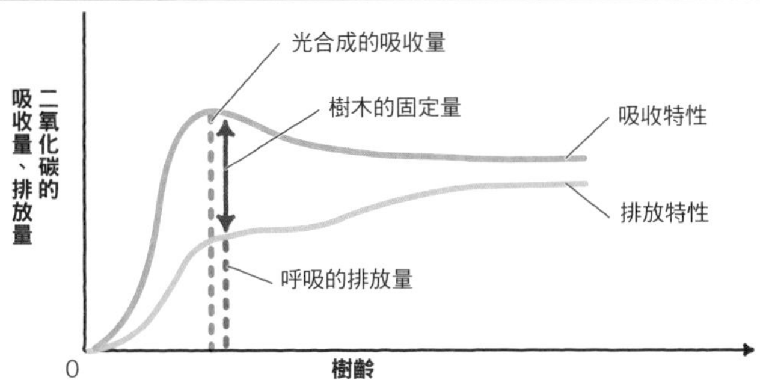

樹齡若是增加，二氧化碳的固定量則會減少。若要砍伐來當作生物質使用，必須同時進行植木等措施。

圖2 日本溫室效應氣體排放量與吸收量的變遷

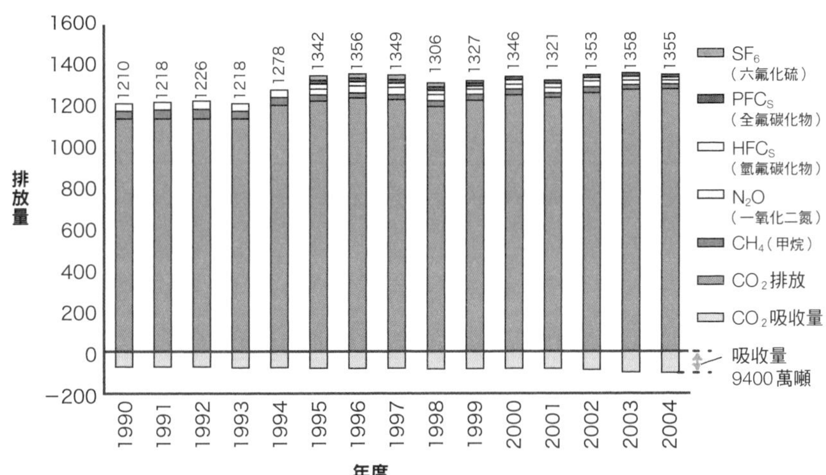

引用：日本環境省「日本溫室氣體清單報告書」2006年

日本溫室效應氣體的吸收量估計有9400萬噸，相當於總排放量的7%。

用語解說

絕對乾燥重量 → 用來表現木質、木材生物質的方法之一，完全乾燥時的重量。相較之下在空氣之中乾燥的場合，稱為空氣乾燥重量。

1000PJ → 0.24×10^{15}kcal。能量相當於2400萬噸（200公升的鐵桶13.3萬桶）的原油（假設每1公斤原油的發熱量為10Mcal/kg）。

069 生物質的直接燃燒 透過顆粒化來提高方便性

將生物質當作能源來使用的方法橫跨各種不同的領域，由許多專家提出了多元化的手法與技術，相信今後也陸續會有許多新技術登場。現狀就能源技術的觀點來看，可以分成直接燃燒、熱化學轉換、化學轉換、生物性轉換等4種。在此介紹這些能量轉換技術的概要。

直接燃燒是文明起源時就已經出現的歷史最為古老的能量轉換方式，現在依然由許多開發中國家當作熱源來使用。日本也在1960年之前，也曾經用燃燒柴火跟煤炭來彌補烹調跟暖氣所需的熱能。現在則是考量到地球的環境，用木材或甘蔗渣等農業廢棄物來取代化石燃料，以其燃燒的熱能推動蒸氣渦輪來進行**生物質發電**。

乾燥的木材跟草木所能產生的熱量為4000～5000kcal/kg-dry（17～21MJ/kg-dry），但一般木材的水分含有率高達45～55%，若是拿來燃燒會使熱能被水分蒸發給奪走，導致熱能效率降低。就最近的動向來看，以坐擁大量森林資源的瑞典跟奧地利等歐洲諸國為中心，給中央暖氣系統的高性能鍋爐使用的**木質碎片**跟**顆粒**漸漸成為主流。圖2的木質顆粒，是用樹木的木材跟樹皮壓縮成型所製造而成的固態燃料，形狀為圓形顆粒，給鍋爐用的標準尺寸為直徑6、8、10、12公釐，長度5～25公釐。顆粒化的主要目的在於降低原料的體積，讓種類多元的生物質得到統一規格，提高運輸跟使用上的方便性。在歐洲會將製造過程中所產生的廢木材加工成顆粒，運送到較遠的需求地，形成以運送事業為主的商業形態。

- 直接燃燒是人類有史以來最為古老的能量轉換技術。
- 將木材加工成一定規格來成為顆粒狀的燃料。

圖1 使用生物質的蒸氣渦輪的發電過程

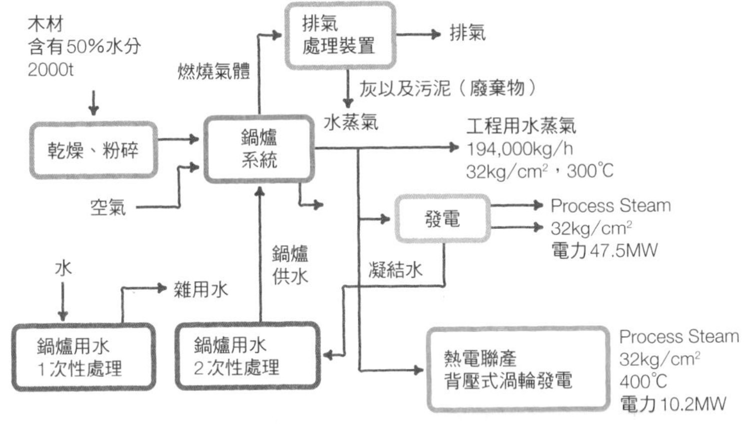

引用：橫山伸野『生物能源的最前線』森北出版 2001 年加筆

圖2 顆粒的製造工程

參考：森林綜合研究所網頁

將生物質製造成顆粒狀可以方便運送、保存。同時也能將品質統一，讓燃燒狀況管理起來更為容易，除了用在家庭之外，也能用來進行大規模的發電。

用語解說

甘蔗渣→Bagasse，將甘蔗的莖所含有的糖汁擠出之後的殘渣。

透過生物質的氣化技術來實現複合性發電技術

就如同（069）所提到的，直接燃燒是熱化學轉換的一種，在此將會介紹熱解的狀況，以及氣化、液化，還有如何透過氣化來合成液態燃料。在氮氣等非活性氣體之中將木材加熱，在200度以前木材之中所含有的水分會漸漸蒸發，但到了250度前後則會開始熱解，形成**瓦斯**、**黏稠液體的焦油**、**油**、以及固態可燃物的**焦炭**（**Char**）（圖1）。這些物質的比率，會隨著木材粒徑等原料狀態跟加熱溫度而不同，一般來說熱解的溫度越高瓦斯就越多，焦油跟焦炭的份量就越少。另外，溫度越高，瓦斯中的一氧化碳（CO）跟氫（H_2）濃度也會跟著變高，在500度以下則會產生油。若想提高油的回收率，可以用急速加熱來迅速進行熱解，這個方法也被用來當作生物質的液化技術（圖2）。

氣化，是用空氣或氧、水蒸氣從木材等生物質原料創造出氣體燃料的技術。原料的一部分會透過空氣或氧來燃燒，用這份熱能來使木材氣化。使用空氣的話生產出來的瓦斯會留有氮，因此得到的是低熱量氣體（700～1800kcal/m^3），進行氧燃燒的話則會形成發熱量較高的中熱量氣體（2500～4500 kcal/m^3）。更進一步使用氫氣的話，則會產生高熱量氣體。利用這個生物質的氣化，目前正在研發高效能的生物質複合型發電系統。就跟煤炭氣化的複合型發電一樣，首先會用氣化所得到的高溫氣體來轉動燃氣渦輪發電機，用排放的熱能來形成蒸氣，藉此讓蒸氣渦輪發電機運作。燃氣渦輪的入口溫度超過1000度，因此可以實現很好的發電效率。

- 生物質透過熱解可以產生瓦斯、焦油、油、焦炭。
- 透過生物質的氣化，可以實現高效率的生物質氣體複合式發電。

圖1 熱解的概念

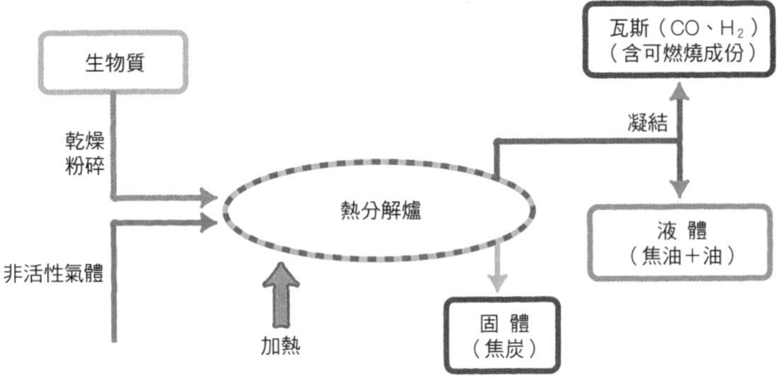

透過加熱來使水分蒸發，形成由碳（C）、氫（H）、氧（O）複雜結合而成的焦油、油、焦炭、瓦斯。為了提高瓦斯的回收率，必須進行加熱。

圖1 急速熱解的概念

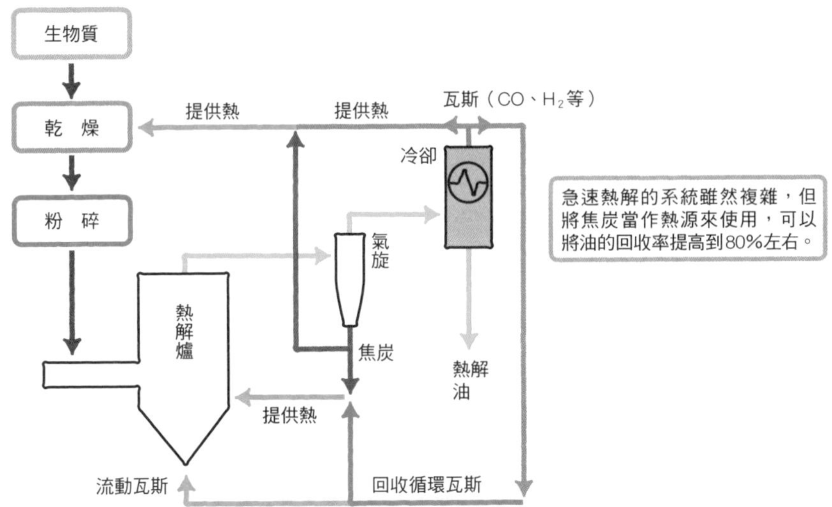

急速熱解的系統雖然複雜，但將焦炭當作熱源來使用，可以將油的回收率提高到80%左右。

參考：橫山伸野『生物能源的最前線』森北出版 2001 年加筆

071 用生物質來生產液態燃料的技術

如同（070）所說明的，我們可以透過熱解從生物質得到油。但是在有機汙泥等水分較多的生物質的場合，必須使用大量的能源來進行乾燥，**直接油化**反而會比較有效率。油化的方法，分成直接與熱解兩種，主要的差異在於直接法的反應溫度為250～350度，跟熱解法的400～500度相比會比較低，但熱解法的操作壓力為常壓，直接法是用50～150氣壓的高壓來進行作用。對此，美國能源局研發有PERC法跟LBL法，在日本則是有通產省（現在的經濟產業省）所提出的「Aqua Renaissance」計劃所研發出來的技術。除了這些方法之外，另外還有從生物質氣化所得到的瓦斯化氣體跟（075）所提到的甲烷發酵所產生的甲烷氣體之中，製造甲醇、DME（二甲醚）或汽油等方法。

如同圖1所顯示的，身為最為重要的工業原料之一的甲醇（Methyl Alcohol），目前會用天然氣透過水蒸氣改質法來製造出合成瓦斯，以此進行合成。要是能用氣化的生物質來製造合成瓦斯的話，則一樣可以從此製造出甲醇。在此所指的合成瓦斯，是以一氧化碳（CO）跟氫（H_2）為主的氣體，可以按照合成對象來調整CO跟H_2的比例。另外，這個比例也會因為合成過程中原料跟氧化劑的種類或作用條件而變化。要合成甲醇，必須要有1莫耳的CO跟2莫耳的H_2，生物質的結構為（$C_6H_{12}O_6$）n，因此氣化之後可以形成相同莫耳的CO跟H_2。另外，透過碳的氣化來形成合成瓦斯，以此製造汽油的**費托合成法**已經在南非得到證實。

●可以用熱分解或直接油化來從生物質提煉出油類。
●甲醇等液態燃料可透過生物質的氣化來合成。

圖1 將生物質氣化來製造液態燃料的過程

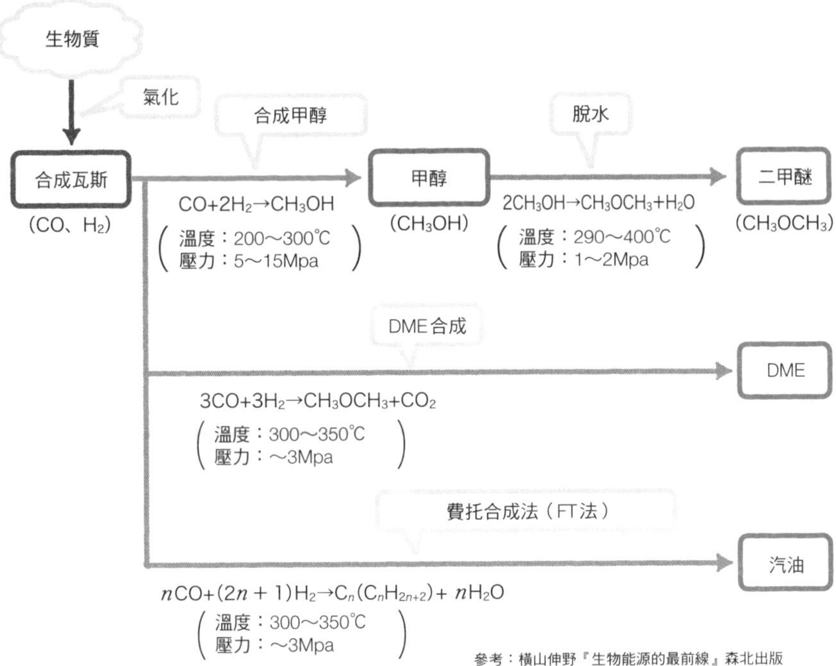

參考：橫山伸野『生物能源的最前線』森北出版

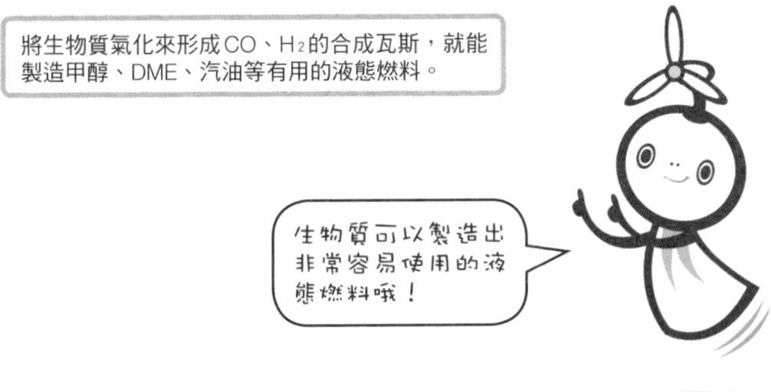

用語解說

DME → 擁有跟LPG（液化石油氣）相似的性質，期待可以成為柴油跟LPG的替代性燃料。

甲醇（Methanol）→ 也被稱為Methyl Alcohol，醇的一種，燃燒酒精燈的時候所使用的燃料，也被當作福馬林、苯酚樹脂、接著劑的原料。容易分解，因此也期待可以成為氫的載子。

072 透過酯化反應來製造生化柴油燃料

植物油在1900年的時期第一次被用來驅動內燃機，當時是由魯道夫·狄塞爾將花生油當作燃料來使用。就如同這個實驗所提示的，我們可以用菜子油、大豆油、棕櫚油、向日葵油等植物油來取代柴油（輕油），但植物油的黏性跟引火點較高，無法由現代的高速引擎直接使用。要將黏度降低，有以下3種方法。第1是加熱，第2是跟柴油混合，第3則是**酯化**。生化柴油就是用甲醇將植物油酯化所製造而成。也就是說，我們可以用菜子油等植物油或使用過的炸油等餿水油來當作原料，透過甲醇進行酯化反應來得到生化柴油（BDF）。以此製造出來的BDF，也就是脂肪酸甲酯（FAME），具有跟輕油較為接近的性質，可以直接用來當作汽車的燃料。這個反應一般會用鹼性觸媒來進行，並形成甘油做為副產物。

雖然涉及一些較為專門的字眼，但還是讓我們稍微補充一下。酯是醇與酸透過脫水所形成的化合物，比方說羧酸（R'COOH）的酯是R'COOR。另外酯化反應可以用

$$RCOOR' + R''OH \rightarrow RCOOR'' + R'OH$$

來顯示。在此R、R'為碳氫化合物官能團，比方說CH_3^-、$C_2H_5^-$。

用生化柴油來讓汽車行駛的場合，燃料相當於可再生能源因，此不只是碳中和，排氣之中的硫黃氧化物跟黑煙也會變少，具有複數的環保優勢。而生化柴油的分子構造之中含有氧，發出的熱量雖然比輕油要低，但可以完全進行燃燒，因此也有報告指出性能方面並沒有比較差。

●菜子油等植物油跟柴油相比黏性較強、引火點較高。
●透過甲醇讓油脂產生酯化反應可以製造出BDF

圖1 生化柴油燃料的製造過程

生化原料會使用植物性油脂（菜子、大豆、向日葵、棕櫚等等）、動物性油脂（牛油、豬油等等）、回收的廢棄物（廢油、餿水油），以此來製造BDF。

圖2 何謂酯化

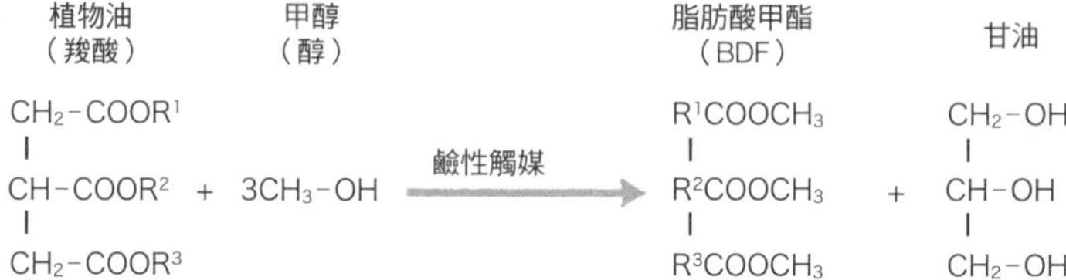

酯化，是讓酸（大多為羧酸）跟醇進行反應，來轉換成酯

$$\underset{\text{（羧酸）}}{RCOOH} + \underset{\text{（醇）}}{R'-OH} \rightarrow RCOOR' + H_2O$$

在此R、R'為碳氫化合物官能團（例：CH_3^-、$C_2H_5^-$等）
羧酸的碳氫化合物官能團（R）跟醇的碳氫化合物官能團（R'）合體，水（H_2O）將被去除。這個RCOOR'會被稱為酯。

用語解說

FAME → Fatty Acid Methyl Ester（脂肪酸甲酯）

073 用新的發酵技術所製造的生化乙醇

生化乙醇，會用糖跟澱粉等生物資源當作原料，透過**發酵**來進行製造，因此被區分為**生物性轉換技術**。發酵指的是有機物被微生物分解的現象。乙醇（Ethyl Alcohol）是酒的主要成分，製造乙醇的技術自古被稱為酒精發酵，起源可追溯到數千年前的古代文明。將酒類蒸餾濃縮來得到乙醇的知識，據說中國與阿拉伯社會自古就已經知道，但要到17世紀以後人類才會開始製造蒸餾酒。產業革命之後，高純度的乙醇被用來當作藥品跟化學製品的原料而受到極大的矚目，乙醇的發酵技術也在化學工業之中出現很大的進展。

期待可以用來製造生化乙醇的的生物質資源，有糖類的甘蔗跟甜菜、澱粉質的麥跟玉米等穀類。用糖來生產乙醇就跟造酒一樣，基本上是透過酵母（Yeast）來進行發酵。酵母會用發芽或分裂來進行無性繁殖，是整個生命週期幾乎都以單細胞來渡過的菌類（微生物），製作麵包時所使用的酵母菌可說是其代表。1857年法國細菌學家巴斯德（Pasteur）發現乙醇的發效反應是透過微生物來進行，丹麥的學者漢森（Hansen）更進一步成功的從麥芽漿之中將主導發酵的代表性酵母Saccharomyces Cerevisiae（啤酒酵母）純粹分離出來。Saccharo代表糖分、Myces代表菌、Cerevisiae則是代表啤酒的拉丁文。1920年代開始可以進行發現分離，讓糖發酵成為醇的Zymomonas mobilis菌在熱帶地區的造酒工業之中被廣泛的使用，雖然還留有糖的種類限制等課題，但跟酵母相比乙醇的回收率更高、發酵速度也更快，期待將有助於生化乙醇的生產。

重點 Check!

- 透過發酵我們可以用生物質來製造生化乙醇。
- 用糖製造乙醇，基本上會用菌類來進行發酵。

圖1 生化乙醇的製造方法

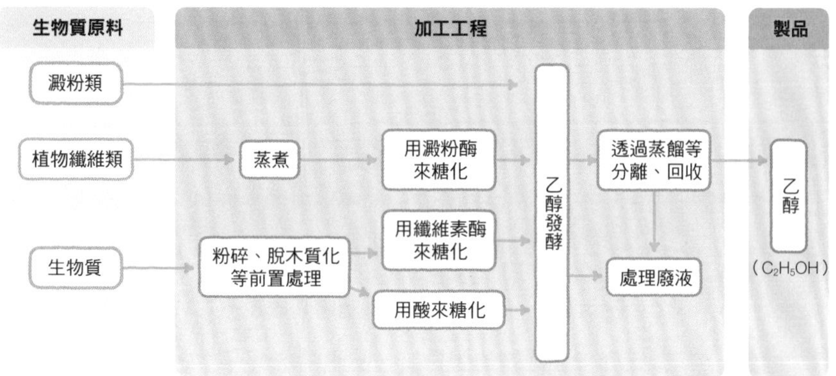

引用：日本能源協會『生物質用語事典』Ohm出版社

生產生化乙醇的原料有糖質、澱粉質、纖維素等3種。乙醇為醇（酒精）的一種，揮發性強，除了消毒殺菌之外，還可以當作溶劑（有機溶劑）、有機合成顏料、汽車燃料使用。

圖2 碳水化合物的分類

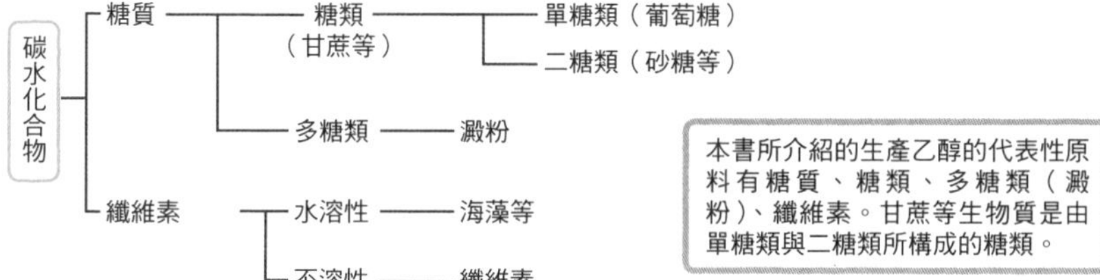

本書所介紹的生產乙醇的代表性原料有糖質、糖類、多糖類（澱粉）、纖維素。甘蔗等生物質是由單糖類與二糖類所構成的糖類。

圖3 從糖質原料生產乙醇的過程

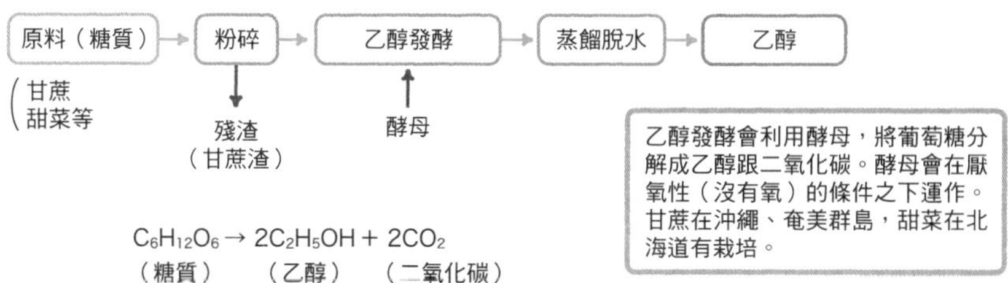

$$C_6H_{12}O_6 \rightarrow 2C_2H_5OH + 2CO_2$$

（糖質）　（乙醇）　（二氧化碳）

乙醇發酵會利用酵母，將葡萄糖分解成乙醇跟二氧化碳。酵母會在厭氧性（沒有氧）的條件之下運作。甘蔗在沖繩、奄美群島，甜菜在北海道有栽培。

074

從糖化發酵的澱粉質來生產乙醇

要從玉米等澱粉質的生物質資源來製造乙醇，必須在發酵之前先進行**糖化**。這是因為澱粉是由大量的葡萄糖結合在一起所形成的多糖類。進行糖化時，會先讓澱粉在水中加熱一次，加入稱為澱粉酶的**酵素**，透過加水分解讓低分子的反應化得以成立。在此所指的酵素，是在細胞內化學反應之中讓特異性反應爆發性產生，具有媒介一般機制的蛋白質。酵素原本具有「在酵母之內」的涵義，因為酵母所創造的物質跟發酵有關而出現這個稱呼。使用酵素，我們可以在常溫、常壓之中進行原本必須在高溫、高壓之中才會進行的反應。有關於生產乙醇的工業流程，以及用澱粉跟糖質原料製造乙醇的發酵過程，請參閱（073）的插圖。

乙醇的種類，除了上述以糖質跟澱粉質為原料的發酵乙醇之外，還有用乙烯為原料所合成的乙醇，但是只有發酵乙醇對改善全球暖化現象有所貢獻。巴西的甘蔗與美國的玉米等，以糧食資源為原料的生物質來生產汽車燃料乙醇的事業已經實用化，產量也持續成長。但是以這些原料所製造的乙醇產量若是越來越大，很有可能會對糧食供應造成不良影響。為了避免這個惡夢成真，最近開始研發以秸稈、米糠、麥稈、林地廢材、間伐材等未使用資源或工地、工廠廢料等生物質來生產乙醇的技術。這些木質或草木類的生物質，在細胞壁的主成分之中含有多糖類的纖維素、半纖維素、木質素，因此也被稱為**纖維素類生物質**。

- 必須先經過糖化才能用澱粉質生產乙醇。
- 糖化會用酵素將澱粉加水分解成低分子。

圖1 從澱粉質原料生產乙醇的方法

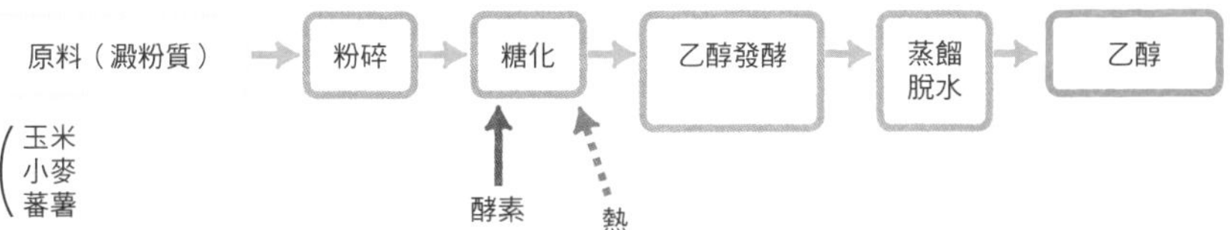

澱粉為多糖類（由許多屬於單糖類的葡萄糖結合而成）

圖2 糖化過程

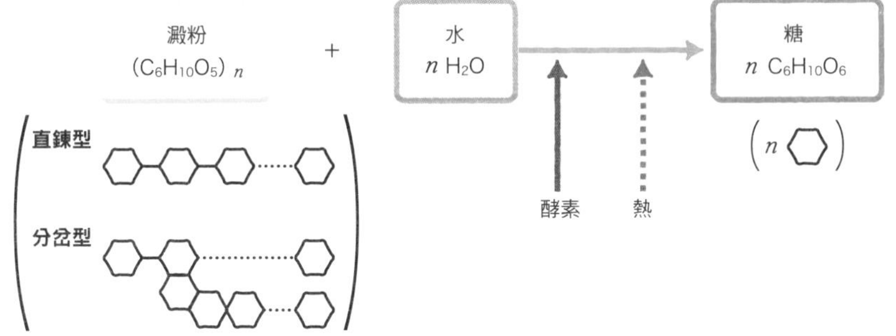

糖化是指澱粉等多糖類被酵素或酸加水分解，轉換成低分子糖的化學反應。必須先將澱粉糖化之後，才能用乙醇發酵來製造出乙醇。必須要酵素才能分解複雜結合在一起的分子。酵素本身雖然不會變化，但卻是具有催化作用的一種蛋白質。

075 甲烷發酵

廚餘或食品加工廠的廢棄物、家畜的排泄物跟下水的汙泥等生物質，都含有大量的水分，除此之外身為有機物它們還含有纖維素、半纖維素、木質素、蛋白質、脂肪等成分。若是用燃燒或熱化學性的手段來將這些濕性生物質轉換成能量，必須消耗大量的能源來讓水分蒸發，最後得到的能量卻小於消耗的能量。要將這種生物質當作能源來使用，**甲烷發效**會是非常合適的方法。

甲烷發酵簡單的來說，就是讓生物質在沒有空氣的環境下腐爛，以此來製造甲烷跟二氧化碳的現象。甲烷發酵會在沼澤等地區自然的發生，另外也會發生在生物體內，由腸道中的細菌將有機物分解成含有甲烷的氣體，造成打嗝、放屁等生理現象。更進一步說明甲烷發酵，這個反應另外也被稱為**厭氧發酵**，在沒有氧的環境下，由微生物將有機物分解成低分子的脂肪酸跟二氧化碳、醇，而這些物質再更進一步由厭氧性的甲烷菌轉換成甲烷。因此在進行甲烷發酵時，必須要有製造低脂肪酸的細菌跟甲烷發酵菌等2種類型的微生物群，目前已經研發出用兩個不同的發酵槽來進行處理的**二槽式系統**。這種反應會透過微生物來進行，因此屬於生物性轉換。

世界各國都有進行甲烷發酵，其中又以歐洲最為興盛。日本則是在80年前就以家庭性廢棄物為對象，來研發甲烷發酵的技術，但隨著液化石油氣的普及一度大幅減少。要到1973年的石油危機之後，才有越來越多的都市在大規模的地下水處理廠採用甲烷發酵的處理方式。

●甲烷發酵可以有效利用含水量較高的生物質能量。
●會由兩種微生物群來進行甲烷發酵。

圖1 有機廢棄物的甲烷發酵過程

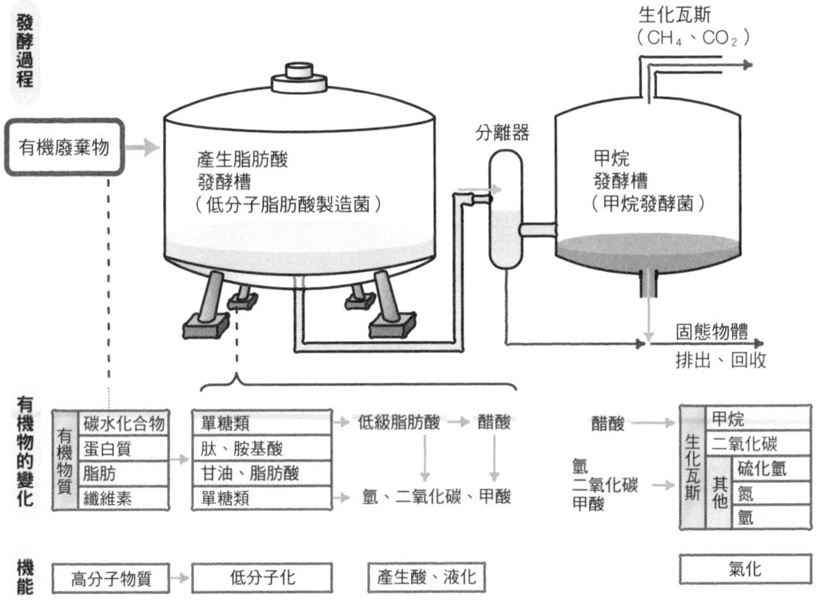

引用：日本環境省「日本溫室氣體清單報告書」2006年

要從生物質等有機物得到甲烷（CH_4），可以使用雙槽式甲烷發酵槽。用第1個槽將有機物、高分子物質轉換成低分子、酸（液體），用第2個槽讓酸發酵來得到以甲烷為主要成分的生化瓦斯。

076 利用藻類的能量

對日本這種擁有長距離海岸線的國家來說，能夠將海藻當作能源是相當迷人的提案。過去在美國就曾經養殖過巨藻來研究怎麼製造燃料，很遺憾的卻沒有達到實用化的等級。不過近年來削減二氧化碳排放量與能量資源的效果，以及海藻所能萃取有效物質受到矚目，因此又再一次的在中國及歐洲展開研究。

最近比海藻更加受到矚目的，是棲息在海水與淡水之中的細微藻類。細微藻類跟植物一樣會吸收二氧化碳，透過太陽光進行光合成來製造糖類跟澱粉等碳水化合物，除此之外還會產出大量含有油的碳氫化合物。因此細微藻類最大的特徵，是跟大豆、桐油樹、椰子等相比產油能力非常的高。在馬來西亞跟印度尼西亞等熱帶地區生長的代表性產油植物油棕櫚樹的產量為每1公頃5.95噸/年，而細微藻類雖然會隨著種類而變化，但卻高達60噸到137噸，相較之下多出10倍到20倍。

最近由日本筑波大學的渡邊信教授所研究的細微藻類之一，是名為油脂藻（Botryococcus Braunii）的綠藻類植物。這是棲息在淡水跟汽水（淡水跟海水混合的半海水水域）之中的藻類，特徵是會將合成出來的碳氫化合物分泌到細胞外。因此在萃取油類的時候非常容易，具備產油所需要的特質。根據記錄油脂藻於2億年前就已經出現，現在備受矚目的油頁岩（Oil Shale）留有它的堆積物與化石的痕跡。

●細微藻類的特徵是跟陸地上的植物相比，產油能力較高。
●綠藻類的油脂藻具有適合產油的特徵。

圖1 代表性的細微藻類

a 舟形矽藻

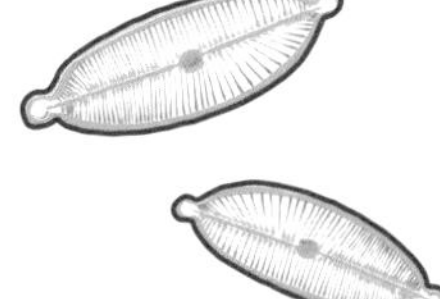

b 綠藻（Chlorella）

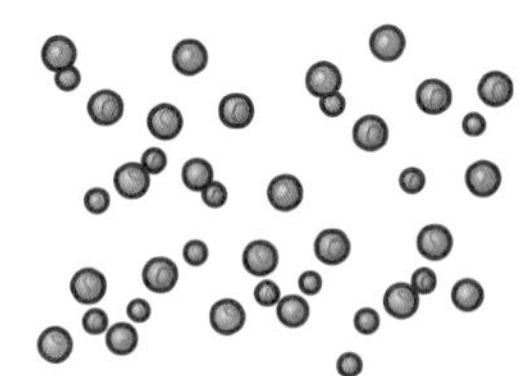

c 綠藻（Dunaliella）

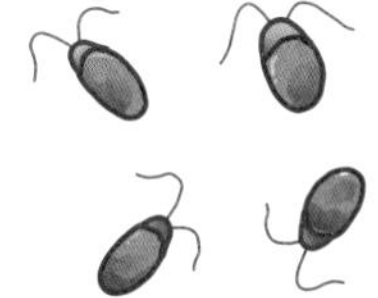

d 螺旋藻（藍菌）

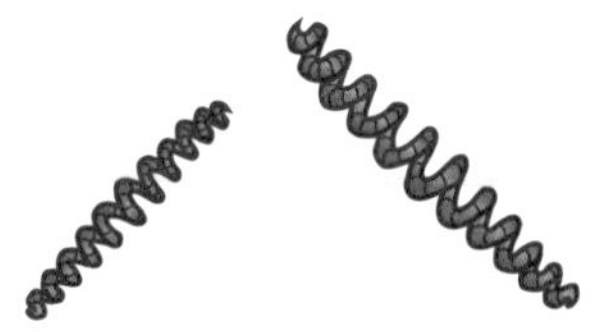

引用：日本能源協會『生物質用語事典』Ohm出版社

細微藻類大約在30億年前就出現在現地球上，是最為古老的生物之一。可以透過光合成將二氧化碳轉換成氧的細微藻類，淡水跟海水加在一起，據說種類高達10萬種左右。Chlorella、Dunaliella、螺旋藻等，都被大量栽培來用在健康食品上。

圖2 油脂藻（Botryococcus Braunii）

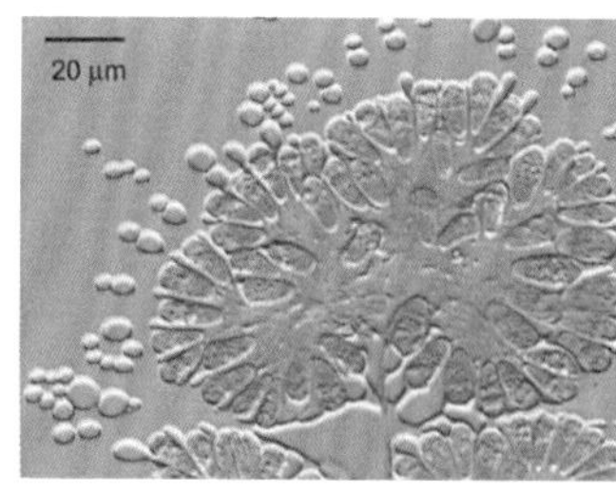

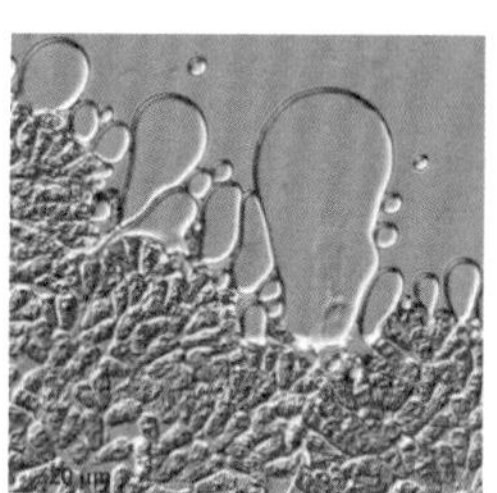

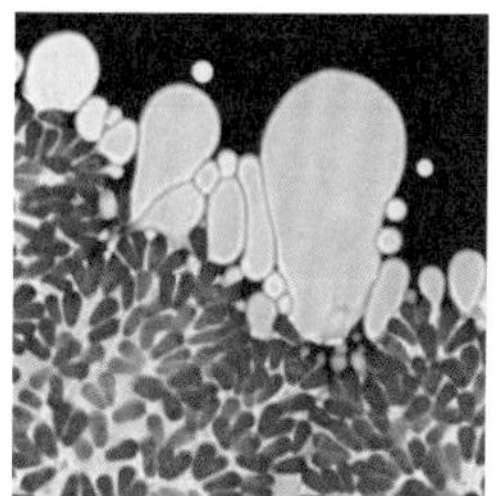

提供：日本筑波大學渡邊研究室

由日本筑波大學渡邊教授所發現的油脂藻的照片，黃色的部分是分泌出來的油。渡邊教授另外在沖繩海中發現名為Aurantiochytrium的細微藻類。這種藻類不會進行光合成，而是攝取有機物之後直接生產油類，產油效率將比油脂藻要更來得更高。

077 生物質能量技術所得到的評價

就如同（065）所提及的，生物質被認為是碳中和技術。這是因為在使用生物質所擁有的能量的階段時雖然會排放出二氧化碳，但植物在成長的過程之中反而會將二氧化碳吸收，使兩者取得均衡。但是植物的成長、生物質的加工與搬運都會用到化石燃料，若是在這些過程中排放太多的地球暖化氣體，則很難稱得上是碳中和能源。評估這點時，必須使用「生命週期評估法」（LCA）。

在碳中和能源之中最受矚目的，莫過於在美國大量發展，用玉米作為原料來生產的生化乙醇。美國著名的2位學者為了評估生化乙醇所擁有的碳中和性能，提出了稱為**淨能效率**（eta η_{net}）的指標。其定義為「（乙醇擁有的熱量－生產所使用的能量）／乙醇所擁有的熱量」，生產乙醇的所有過程之中所消耗的能量，若是高出乙醇所擁有的熱量5130kcal/L（公升）則會成為負的數字，即代表不具碳中和的效能。上述2位學者用玉米跟野草的柳枝稷來計算生產乙醇必須消耗的能量，並在2005年發表結果。根據計算，不論是玉米還是野草，η_{net}都是負的數字。相較之下巴西用甘蔗所製造出來的生化乙醇η_{net}為0.87，是正的數字。

學者所提出的這些疑問在美國引起了很大的迴響，其中也有許多反對這個結果的意見存在，最近根據LCA分析的結果，提出了η_{net}若沒有超過一定的數字，則不承認具有碳中和的效果的提案。

●在使用生物質的能量時，必須用LCA進行分析。
●是否擁有碳中和的效果，會用淨能效率做為指標。

圖1 產品的生命週期與環境負荷的概念

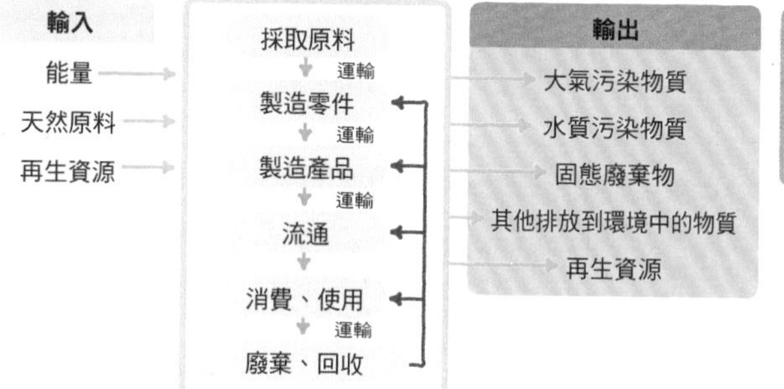

從輸入部分的原料採取到製造－消費、使用－廢棄、回收的整個生命週期之中，都會有輸出（對環境的負荷）產生。

引用：日本環境省生命週期評估

圖2 進行生命週期評估（LCA）所採取的步驟

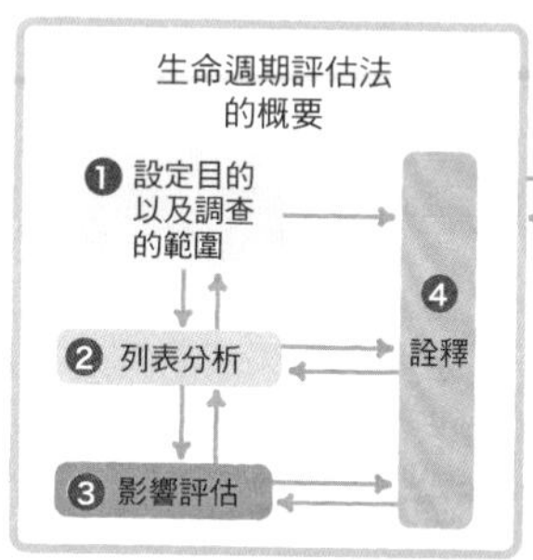

直接性用途

- 製品的研發與改善
- 策定戰略
- 策定政策
- 市場調查
- 其他

❶ 設定目的以及調查的範圍

設定實施LCA的目的，以及前提跟限制條件

❷ 列表分析

在生命週期的各個階段對環境造成負荷的資料，也就是用整個生命週期來計算輸入與輸出的步驟。計算資料的變遷時，也可能只收集對於環境造成較大負荷的資料，現實中會多方進行。

❸ 影響評估（Impact Evaluation）

將列表分析所得到的結果分類，比方說「全球暖化」「大氣汙染」（對於環境的影響類別），並在各個項目評估影響程度的階段。

❹ 詮釋

將列表分析、影響評估所得到的結果，跟對於環境的影響、可以想到的改善點整理在一起的階段。

表1 用玉米跟柳枝稷生產乙醇時的能源使用量／LCA分析範例

生產乙醇所需的工程	玉米（kcal）	柳枝稷（kcal）
栽培原料的植物	2522	694
運送原料	322	300
灌溉	90	70
反應容器用的不鏽鋼	12	45
反應容器用的鋼鐵	12	46
使用的水泥	8	15
將原料粉碎	0	100
蒸氣	2546	4404
電力	1011	1703
將乙醇濃縮（95→99.5%）	9	9
處理排水	69	69
總計	6601	7455

左方圖表中的工程與圖2列表分析的各個項目相對應。

引用：日本地球環境產業技術研究機構「生物質精煉最前線」工業調查會,2008年

078 生物精煉的概念

生物精煉的概念，在1999年8月12日由柯林頓前美國總統用在總統行政命令（13134號）之中，於是就此廣為普及。這道行政命令的骨幹為「將2010年以前生物質的使用量增加到1999年的3倍，藉此將美國的原油進口量減少到40億桶，同時也將減少1億噸的二氧化碳排放量」，將生物質的使用定位成國家的科學技術戰略之一。在這個國家戰略之中，引進了生物精煉的概念。生物精煉代表創設生物質化學工業，其中的含義跟石油性燃料，以及創造出各式各樣化學產品的煉油（石油精煉）相對應。

生物質的特徵，是以自由能的形態來儲存能量，有利於運輸、保存、屯積，生物質同時還擁有可以使用在糧食、飼料、肥料、木材、纖維、藥品、各種化學產品等極為多元之用途的可能性。若要更進一步有效使用自然界之產物的生物質，除了能源資源之外，還必須架構包含生產在內的，肥料以及各種化學藥品的總合性利用體制。將生物質能量套入這個體制之中，可以讓生物質能源的成本降低，提高（077）所提及的淨能效率。就跟石油產品一樣，生物精煉的意義在於從頭到尾的生物質總合性的使用。生物精煉的技術體系在美國大大的發展，由政府機關策定研發計劃跟路線圖，提出了20種以上的生物化學藥品來作為研發對象。

●生物精煉是與石油精煉相對應的名詞。
●代表生物質資源從頭到尾的總合性利用體制。

圖1 石油精煉與生物精煉

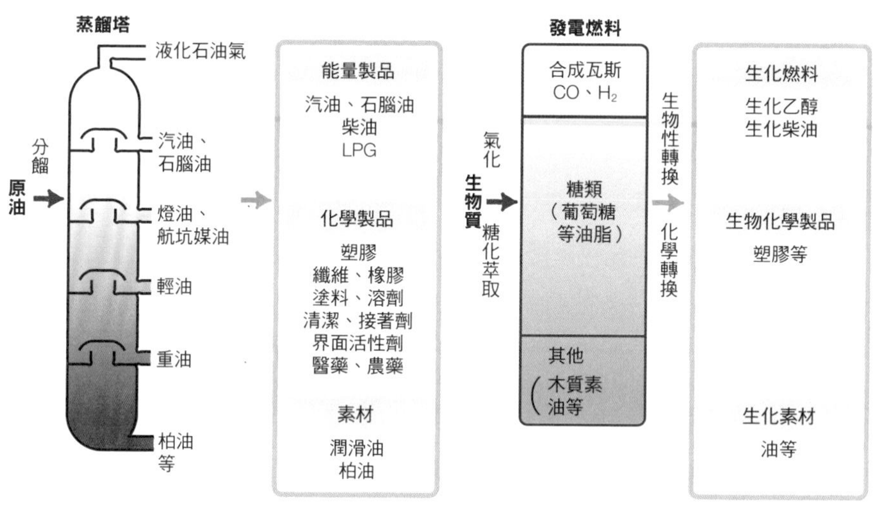

石油可以透過分餾（蒸餾）來操作，分離、精製成沸點較高（分子量小）的液化石油氣（LPG）與沸點較低（分子量大、重）的重油，用在各種不同的用途上。進行這個工程的場所被稱為石油精煉廠（煉油廠）。
生物質也是一樣由碳（C）、氫（H）等各種成分所構成，除了直接燃燒之外，還能透過各種操作（糖化、萃取、氣化、發酵）來分離出生化燃料、生物化學製品、生化材料等原料。
另外如同先前提到的，生物質是碳中和的能源，除了有資源回收的優勢之外，原料幾乎是百分之百國產，跟大多倚靠進口的化石燃料不同。

079

日本所研發的生物精煉技術

日本雖然也有進行生物精煉的研究，但卻是以地產地消的區域分散型生物質資源為前提的構想，就目前的階段來看，跟美國以大規模工廠來進行大量生產的概念並不相同。比方說在美國用來生產乙醇的玉米，跟糧食、飼料的需求相互衝突，結果發展成社會問題。日本對於生物質能源所抱持的思想，是在使用過程的各種不同階段之中，將生物質進行多層次性的利用（Cascading），最後成為燃料或肥料的蓋然性使用方式（圖1）。

另一方面，也有將日本長期下來所栽培的發酵等微生物使用技術，跟基因改造技術相互融合，活用在"製造"上的動向出現。NEDO在2001年就以此為出發點，展開了「活用生物機能的生產工程基礎技術研發」計劃。其中的訴求，是將微生物進行生產時所不需要的基因去除，只留下最低限度基因組的「Minimum Genom Factory」（低限度基因組工廠），屬於過去不曾出現過的日本獨自的創意。之後還出現有第2期的計劃，在2006年展開「活用微生物機能的高度製造基礎技術研發」，以研發生物精煉相關的技術。

在此所指的「高度製造基礎」的相關技術，除了提高反應速度之外，還具有實現多種不同反應的涵義。這個計劃將生物精煉技術指定為研究開發的項目之一。其中特別受到矚目的是**地球環境產業技術研究機構（RITE）**所研發RITE工程，會用高密度來將微生物裝到反應槽內，透過以微生物細胞為化學催化劑的多層次反應，從糖類高選擇性且高效率的進行製造的系統。

●在日本以蓋然性的使用各個地區多樣化生物質的構想為主流。
●另外也有研發活用微生物機能的高度製造基礎技術。

圖1 日本生物質利用系統的基本概念

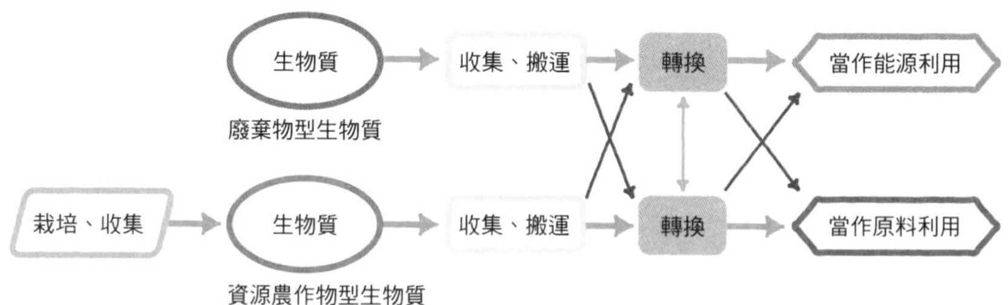

圖2 RITE工程

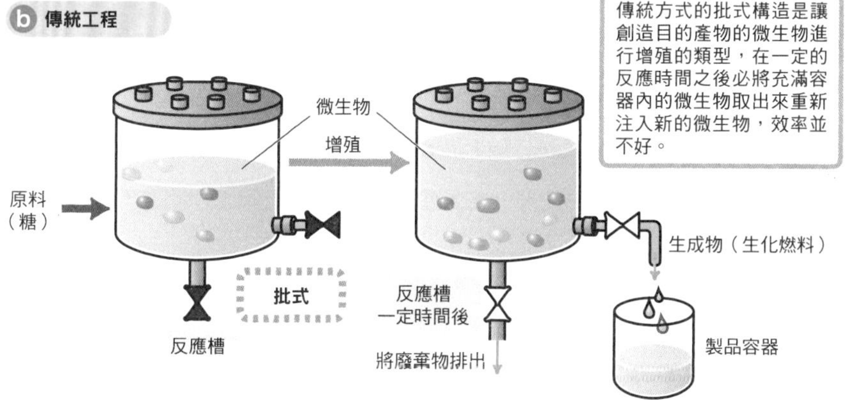

引用：湯川英明『朝生物精煉邁進』RITE WORLD 02.2003 筆者追記

080 國家為了利用生物質能量所採取的動向

2002年12月在日本的內閣決議案之中，通過了**日本生物質總合戰略**。這是透過能源與各種製品的方式以最大限度來活用生物質，進而實現永續發展型社會的國家基本戰略。具體來看的話，則是盡可能降低化石燃料的依存性，除了像過去一樣將生物質用在糧食與食品之外，還更盡一步用在發熱、發電、運輸用燃料等能源用途，與生化塑膠等製品上。之後在2005年2月，詳細規定有生物質運輸燃料引進目標的「京都議定書」生效，而美國也決定大幅擴張生化乙醇的產量，在同一年展開生物質能城鎮的計劃。另外在同年4月日本內閣所通過的「京都議定書目標達成計劃」之中，生化柴油跟乙醇等由生物質所製造的運輸用燃料的使用目標被定為50萬kl（換算成原油）。

2006年3月「生物質城鎮構想」由政府開始推動，之後成為日本生物質總合戰略的主要支柱。這是考量到生物質分佈希薄且廣泛的性質，必須以各個地區為主體，用當地最為有效的方式來活用生物質。因此生物質城鎮也被表現成「透過當地居民的創意來活用本地出產的生物質，進而實現充滿能量的城鎮（地區）」。生物質城鎮在各個地區熱烈的參與之下數量確實增加。在剛剛通過生物質總合戰略的2006年末期只有44個地區，但在2010年3月底則增加到268個地區，選擇利用能源的方式第一名為生化柴油，接下來則是木質碎片、顆粒狀燃料與甲烷發酵。

●日本的國家基本戰略「日本生物質總合戰略」在2002年誕生。
●活用地區性特徵與活力的生物質城鎮構想正在進行。

圖1 生物質城鎮構想的推動方式

首先 ❶ 跟地區內相關人士洽談

大致上 ❷ 調查該地區內的生物質

廣泛的 ❸ 收集先進案例與技術性的情報

快樂的 ❹ 思考這個地區能力所及的範圍

慎重的 ❺ 跟專家以及相關人士研討

容易理解的 ❻ 嘗試製作生物質城鎮構想的企劃書

生物質城鎮構想

- 地區的現況
- 生物質賦存量
- 活用生物質的方法
- 推廣體制
- 搭載工程
- 效果與目的
- 檢討目前為止的狀況

提出給農政局、都道府縣

在日本生物質總合戰略推廣會議中檢討
（相關政府單位、農林水產省（事務局））

↓

發表成為
生物質城鎮構想

生物質城鎮的定義：由區域內廣大地區的相關單位合作，架構出從生產到使用都可以有效活用生物質的總合性利用系統，可以穩定且恰當的活用生物質，或是將來有可能實現這個構想的地區。

圖2 發表生物質城鎮的市、鎮、村的推動主題

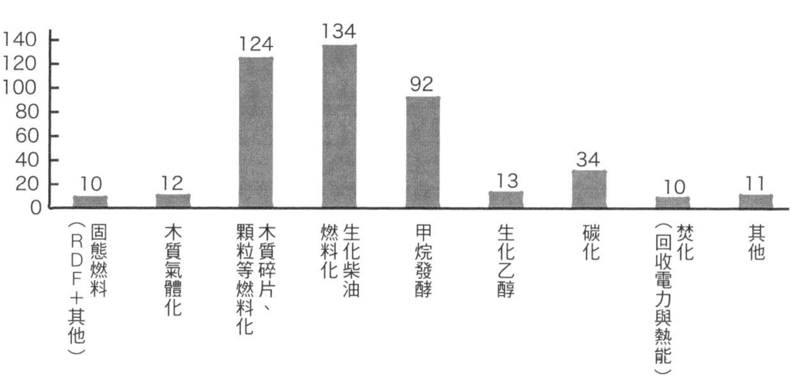

引用：日本有機資源協會「公佈事例231地區的分析結果」（2009年11月）

採用數量最多的案例為生化 柴油燃料化（*072*）、木質碎片、顆粒等燃料化（*069*）、甲烷發酵（*075*）。

COLUMN

利用生物質的能量

將生物質當作能量資源來使用，被認為是碳中和的可再生資源，為了提高能源自給率並對全球暖化現象的改善有所貢獻而被大力的推動。但是將生物質當作熱資源來使用時，必須考慮的評估指標極為複雜。比方說從以前就持續研究到現在的太陽能電池與燃料電池，它們所追求的目標只有提高能量轉換效率跟經濟效益，以及裝置本身的信賴性、耐久性，但在生物質的場合，原料卻跟糧食供給相互衝突，另外還有可能破壞森林等動植物基因的寶庫，必須用更為廣大的視野來觀察對整個生態系統所造成的影響才行。比方說美國用玉米生產的生化乙醇，增加產量的結果導致糧食與飼料的供應減少，以及相關原物料價格的高漲。

對於日本這種國土面積較小的國家來說，生物質資源的供給有它的限制，無法在短期間內飛躍性的提高產量。日本雖然被認為擁有豐富的森林資源，但是跟北歐諸國相比，林地的廢材、間伐材等森林性生物質的使用系統，就價格競爭力的觀點來看已經被破壞，短期間內要回復非常的困難。以此為前提，日本政府所推動的生物質能源計劃，是以廚餘、餿水油、工地廢材等廢棄物為主。特別是在人口密度較高的都市地區，有著豐富的廢棄性生物質資源，而這個方針另外還具有降低垃圾處理成本的雙重價值。再來則是秸稈、米糠、麥稈等尚未使用的農產資源，這些生物質不會與糧食供應相互衝突，因此也正積極的被推動著。

生物質資源，不論是自然的產物還是人類所製造的廢棄物，一般來說都含有大量的水分與雜質，運輸起來相當困難，因此可以算是地產地消型的資源。生物質城鎮的構想也因此而誕生。

智慧電網的技術

要將太陽光電系統與風力發電等隨機變化的能源
納入電力系統（Grid）之中，
必須透過情報技術將電力系統智慧化。
本章將會介紹這項技術的內容跟展望。

081 智慧電網的定義

2009年初，美國歐巴馬總統政權剛剛成立的時候，由歐巴馬本人發表了「Green New Deal政策」，並提出**智慧電網**的構想做為本政策的核心，表示未來將會對此投資大量的資源，並受到各國的矚目。美國提出這個概念的背景因素，在於美國那老舊的電力系統（Grid）已經不勘負荷，不但可信賴度低，還會在供電系統之中流失大量的能源。另一方面在歐洲，架構智慧電網的機運在比較早的時期就已經出現，也開始在各個家庭之中裝設**智慧型電錶**。更進一步推動這個動向的，是大量引進以風力發電為首的可再生能源，以及將來很有可能普及的電動車。

第一章稍微有提到的智慧電網，它的明確定義為「活用最尖端的數位情報通訊技術，將供電一方與供電網路，以及家庭跟辦公室、工廠等使用者一方的情報統合，在使用者的協助之下維持電力供給跟需求的均衡，藉此提高用電效率的供電網路」。因此智慧電網的前提，是發電設備與用戶之間可以雙方向的交換情報與電力。之所以用「智慧」（Smart）來形容，是因為用20世紀發展出來的先進情報技術，讓能源系統的行能得以邁入新的次元。因此智慧電網被也稱為能量的情報化、能源領域的網路。

●智慧電網融合電力網路跟數位情報通訊技術。
●在使用者的協助之下，維持電力系統內供應與需求的均衡。

圖1 智慧電網的概念

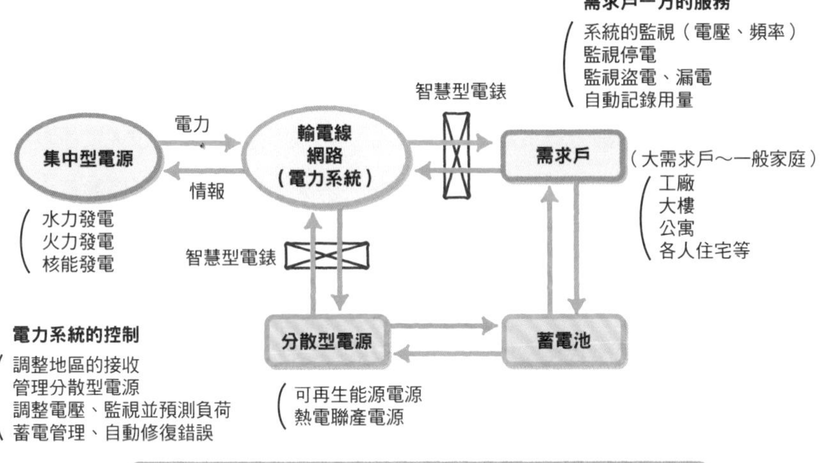

圖2 智慧電網的構圖

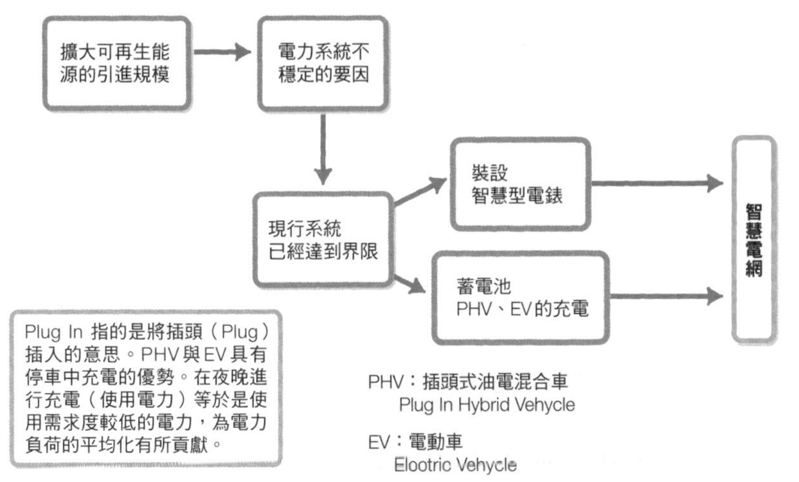

082 電力系統（電網）的構造

（081）提到了智慧電網的定義，但如此抽象的說明或許很難讓人掌握具體的構造。再加上目前智慧電網的概念跟定義。會隨著實施國家與地區的電力業者的形態、等級而不同。在此將說明具體的技術跟問題點。

電源分成**集中型電源**與**分散型電源**。集中型電源主要是由核能、火力、水力發電所構成的大規模發電廠，在日本會由電力公司建造、運用。相較之下，分散型電源除了太陽光電系統、風力發電等可再生能源之外，還有燃料電池、燃氣發動機的熱電聯產系統等，設置在用戶一端，主要由用戶來進行運用的小規模發電設備。分散型電源的特徵，是像太陽光電系統一樣屬於地產地消的能源，或是像燃料電池跟瓦斯發電一樣，利用發電時適放出來的熱量來提高系統效率。不過太陽光電系統跟風力發電都已經出現超級太陽系統跟風力發電廠等，由電力業者所運用的大規模發電設備，安裝蓄電池做為停電對策的用戶也越來越多，因此我們可以說用戶一方實現電力智慧化的有效手段已經漸漸成立。

電力系統會由複數的發電廠、變電廠、輸電線、配電線所成立，就如同圖1所顯示的，在發電廠生產的電力會透過輸電線來通過各個變電廠，逐次降低電壓之後送到大規模與小規模的各種用戶手上。下游尾端的一般家庭，則是從電線桿的變壓器分散出去，一次連接到數十個家庭上。電壓的組成會隨著電力公司而不同，圖中是以東京電力公司為例。

●連接到電力系統的電源除了集中型之外還有分散型。
●發電廠的電力會在電力系統內逐步降低電壓來送到用戶手上。

圖1 電力系統的構造

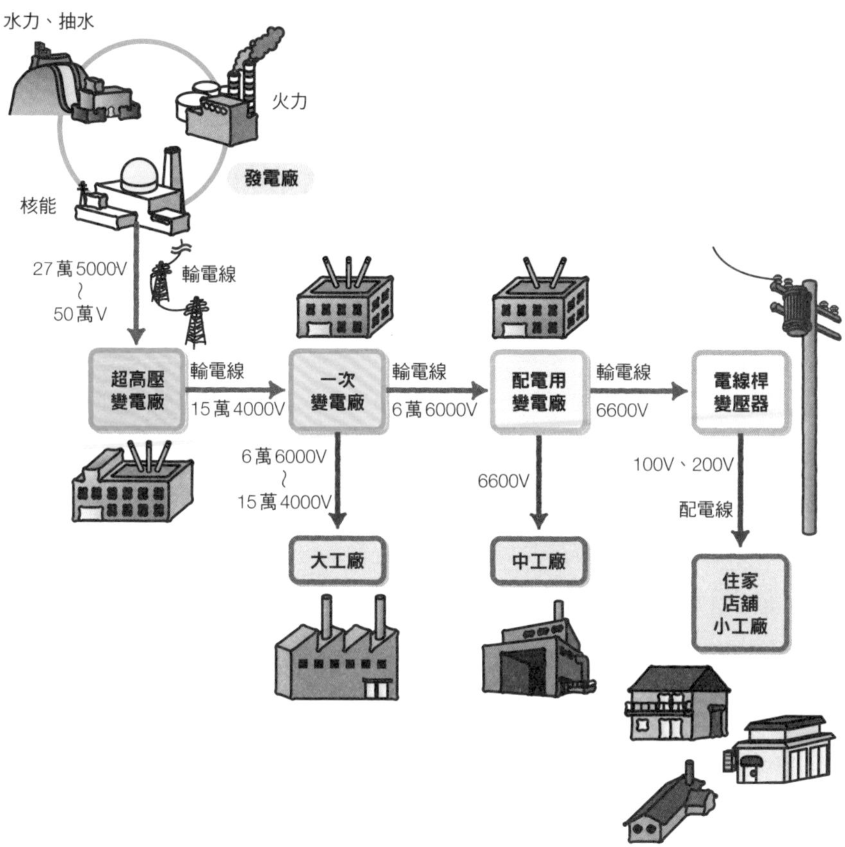

水力、抽水
火力
核能
發電廠
27萬5000V ~ 50萬V
輸電線

超高壓變電廠 → 輸電線 15萬4000V → 一次變電廠 → 輸電線 6萬6000V → 配電用變電廠 → 輸電線 6600V → 電線桿變壓器

一次變電廠 → 6萬6000V ~ 15萬4000V → 大工廠
配電用變電廠 → 6600V → 中工廠
電線桿變壓器 → 100V、200V 配電線 → 住家 店舖 小工廠

用高壓來輸送的電力流失較少，會逐次降低電壓（V：伏特）來送到用戶手中。

製造出來的電力
會通過各個變電廠
來送給用戶使用哦！

083 對於逆潮流供電的規制與問題點

家庭跟大樓、工廠等需求戶將太陽光電系統連接到配電線，將自家發電的電力送到電力系統的舉動，稱為**逆潮流**供電。個人住宅首次裝設沒有蓄電池，直接接到電力系統的太陽光電系統的案例，首次出現在1992年，1993年日本京瓷公司開始販賣日本第一款住宅用太陽光電系統。而在同一年，日本資源能量局就設定了以逆潮流供電為前提的「連接電力系統與逆潮流供電的相關準則」。

關於日本逆潮流供電的品質，設定有「確保電力品質之系統連接技術要件準則」這份非常嚴格的規定。其內容為用100V與電力公司簽約的家庭，其系統連接點的電壓必須在101＋6V的範圍之內，或是契約電壓為200V的場合在202＋20V以內。電力系統因故停電時，太陽光電系統若是持續運作，配電線有可能產生電壓讓作業員觸電，此時必須迅速解除太陽光電系統與電力系統的連結（解列）。因此太陽光電系統必須設置電力調節器來將直流電轉換成交流電，並且控制電壓跟電流，將電力維持在一定的品質。

在這種限制之下，若是有許多家庭將太陽光電系連接到電力系統，假設距離電線桿較近的家庭出現較大的逆潮流，則會產生較遠的家庭無法進行逆潮流供電的問題。解決這個問題，不是加裝大量的變壓器，就是像（085）所提及的**用家庭能源管理系統**（HEMS：Home Energy Management System）儲蓄電力或調整負荷。

- 用太陽光電系統連接電力系統，必須遵守規定來維持電力品質。
- 若有大量的家庭將太陽光電系統連接，可能無法進行逆潮流供電。

圖1 太陽光電系統逆潮流供電的意象圖

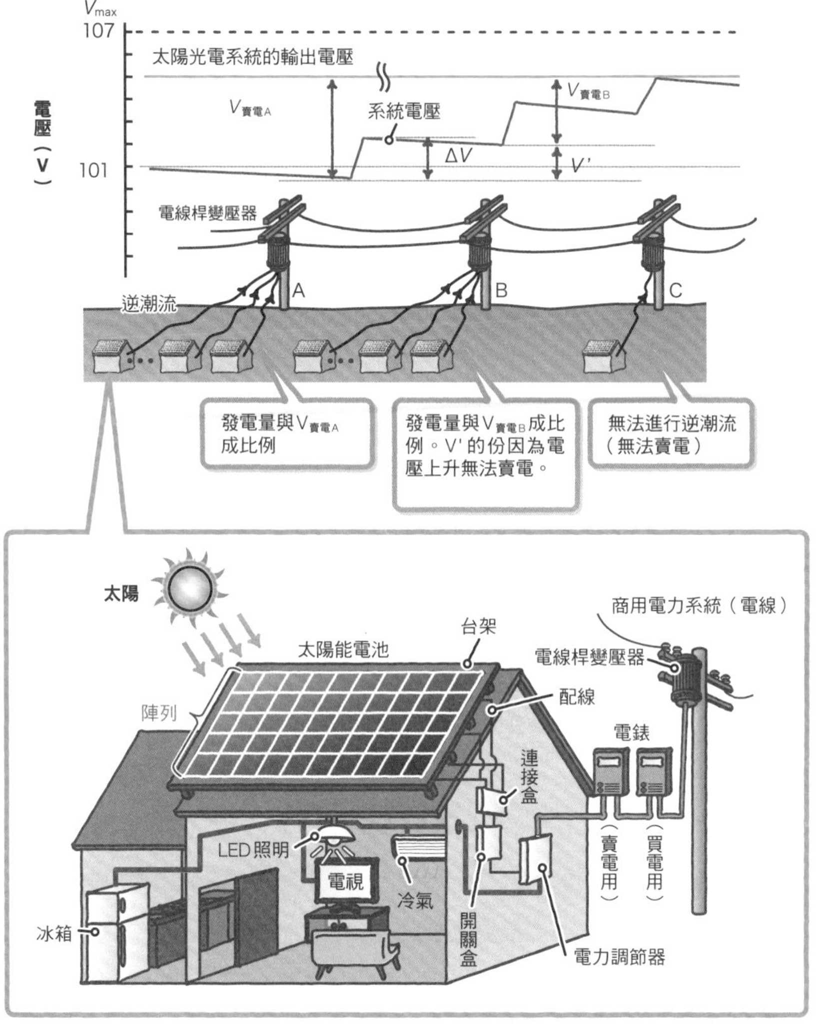

電力會從電壓較高的一方往電壓較低的一方流動。高的一方為供電，低的一方為用戶，就跟潮水從高處往低處流動一般。逆潮流供電是將電力從用戶一端送往供電一方（跟一般的供電方向相反）。當出現逆潮流時，供電一方的電力就會上升。

084 日本的智慧電網將從智慧屋開始擴展出去

以社會基礎設施來發展智慧電網的手法，對於電力系統可信賴性低又曾經歷過電力危機的美國，以及輸電系統穿越國界、大規模營運體制完善的歐洲來說，會以大量引進太陽光、太陽熱、風力發電為前提，由電力業者從電力的“上流一方”來進行智慧化。另外在成長極為迅速的中國跟中東的一部分，則是包含電力系統在內，以都市為單位來建設智慧型的社會基礎設施。相較之下在東日本大震災之後，不得不面對省電與節能的日本，則是以住宅產業跟家電製造商為中心所推動的綠能屋以及智慧型住宅來普及化，從身為用戶的“下流一方”發展智慧電網。

智慧型住宅的基本思考，可以整理出以下幾個要點。

❶建築物擁有斷熱、氣密、採光、遮光機能，引進高效能的熱泵、太陽熱能熱水器、LED、OLED照明來節省能源。

❷用太陽光電系統或燃料電池等分散型電源來實現“創能”，並且跟家庭用蓄電池或電動車配合來進行“蓄能”。

❸透過智慧型電錶的家庭能源管理系統（HEMS），將太陽光電系統的發電量、電力公司的買電量、各種機械的耗電量“視覺化”。

像這樣將家庭內電力的流動“視覺化”，可以讓居住者漸漸養成省電的行動，根據資源能量局的節能、新能源政策課長木村陽一的表現方式，就是從傳統的“忍耐性節能”轉變成“察覺性節能”。而智慧電網本來的目的，就是要更進一步發展成“交給大家來節能”。

●在日本會由智慧型住宅來展開電力系統的智慧化。
●智慧型住宅的基本是家庭能源管理系統。

圖1 組合PHV、EVP的HEMS

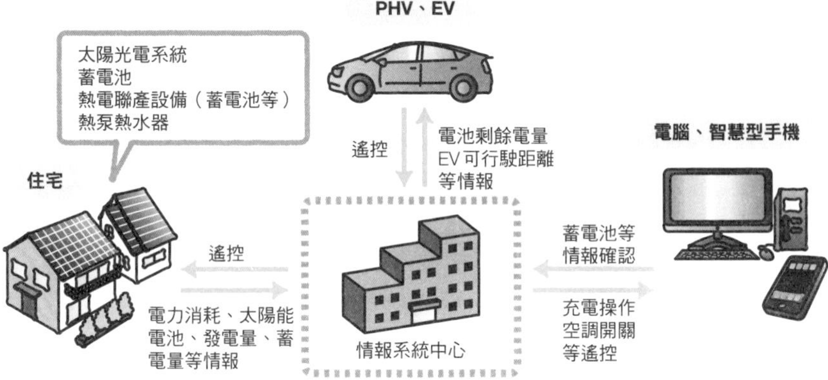

※HEMS是使用智慧型電錶的家庭能源管理系統

圖2 智慧型住宅的意象圖

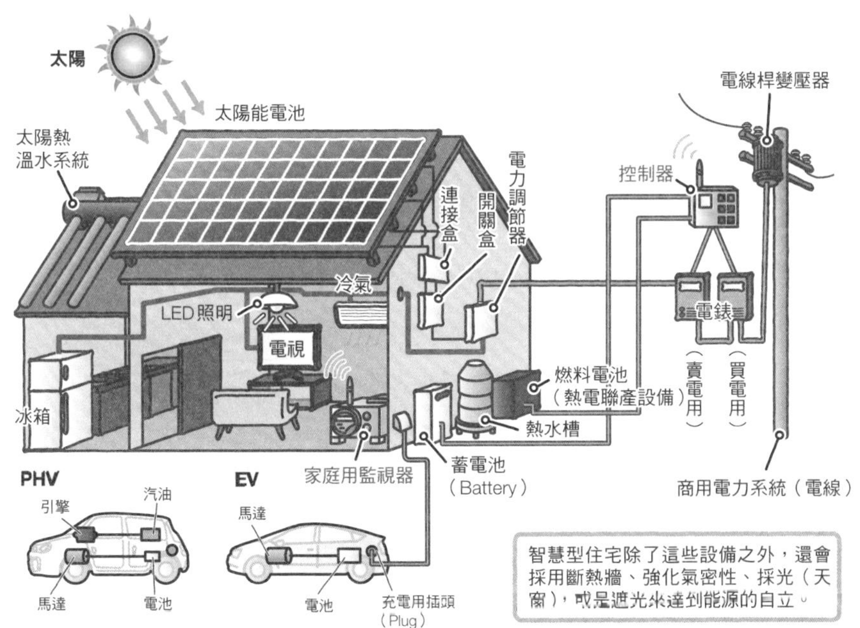

智慧型住宅除了這些設備之外，還會採用斷熱牆、強化氣密性、採光（天窗），或是遮光來達到能源的自立。

用語解說

智慧型電錶 → 擁有雙向通訊機能的數位型電錶。會跟冷氣、照明、冰箱、溫度計等家庭或辦公室內的設備連接在一起，透過電錶將機械的運作狀況傳送給電力公司或需求者。

085 家庭能量管理系統的機能與未來的預想圖

在目前所引進的代表性的家庭能源管理系統（HEMS）之中，機能與情報的流向如下。首先會連接到配電盤透過電力計算單元來計算電視、冷氣、冰箱、微波爐等各種家電的耗電量，以及太陽光電系統的發電量跟蓄電池的充電、放電狀態，並將這些情報集中到**HEMS控制器**。HEMS控制器會透過路徑器將情報送到網路上，累積在遠處的伺服器內。居住者可以透過電視、電腦、智慧型手機（高性能手機）或專用的顯示器，來確認電力的消耗模式與太陽光電系統的發電量等情報。比方說在積水化學所推出的「Smart Navi」的場合，網站上所顯示的情報有每小時的耗電量、發電量、買賣電力、CO_2排放量、事先設定好的省電目標達成度，切換畫面則可以閱覽每個房間或每一種機械的情報。

另外在Panasonic的HEMS「ECO Mana System」的場合，對於用電量較高的分流電路會顯示節能建議。這些HEMS要是能普及到全國，能源與電力消耗模式的情報就會變得非常豐富，分析之後可以按照地區、家庭成員、季節、溫度、生活模式來提出省電方案，讓教學與建議的機能大幅提升。

家電製造商與住宅企業者在今後，將會透過HEMS以天氣預報跟電力供需狀況為基本，來進行節能自動化、發電與蓄電的管理，並隨著電力公司的供電能力來調整需求。這個稱為**需量反應**的機能將帶領大家進入（084）所提到的“交給大家來節能”的階段。

●HEMS會累積家庭內電力流向的情報，並顯示在網路上。
●HEMS的目的，在於按照電力公司供電能力的狀況來管理需求。

圖1 家庭能量管理的概念圖

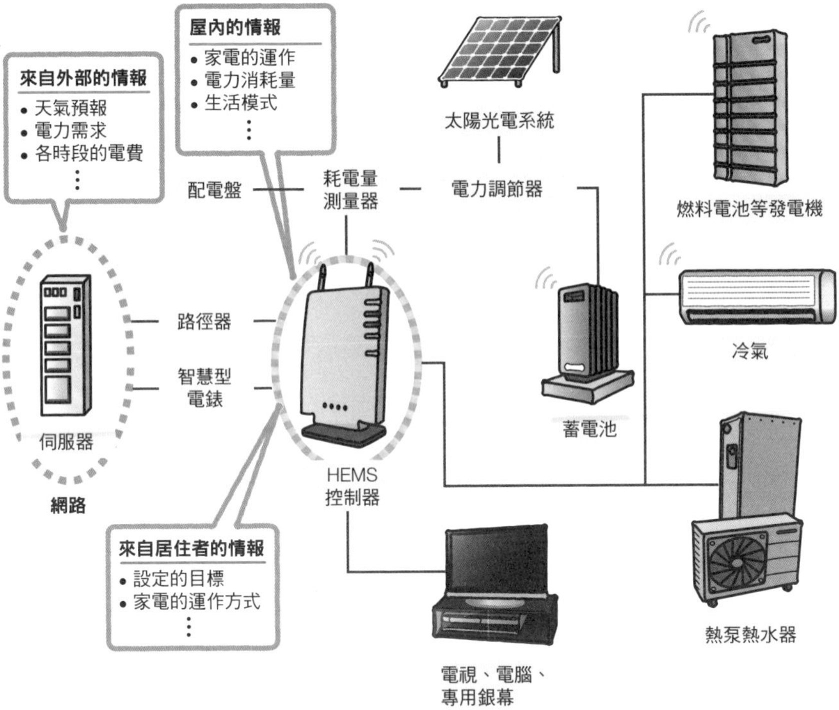

屋內的情報
• 家電的運作
• 電力消耗量
• 生活模式
來自外部的情報
• 天氣預報
• 電力需求
• 各時段的電費
太陽光電系統
配電盤
耗電量
測量器
電力調節器
燃料電池等發電機
路徑器
智慧型
電錶
伺服器
網路
HEMS
控制器
蓄電池
冷氣
來自居住者的情報
• 設定的目標
• 家電的運作方式
熱泵熱水器
電視、電腦、
專用銀幕

圖2 ECO Mana System的顯示畫面

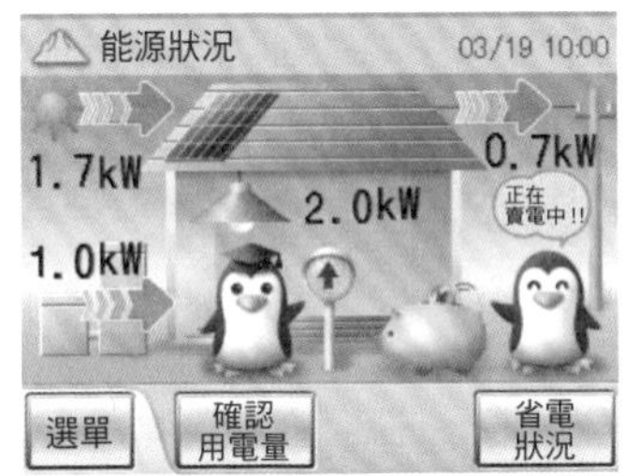

能源狀況
03/19 10:00
1.7kW
0.7kW
2.0kW
1.0kW
正在賣電中!!
選單
確認用電量
省電狀況
讓人輕鬆的參閱
目標與實績

提供：Panasonic股份有限公司

用語解說

需量反應→Demand Response（DR）。由供電一方抑制需求戶電力消耗量所進行的控制，由供給一方為需求戶進行各種對策，則稱為Demand Side Management（DSM）。

086 同時設置太陽光電系統與蓄電池的好處與效果

日本的各大住宅企業與汽車製造商，正努力在為具有充電裝置的電動車跟住宅進行宣傳，太陽光電系統所產生的電力可儲蓄到蓄電池或電動車內，讓家庭在能源上實現自給自足，進而降低電費跟瓦斯費。比這更大的好處，是在災害與停電時也能確保電力。而就電力公司來看，這些設備可以降低流入系統中的電力變化，對電力需求的平均化有所貢獻。另一方面對尖峰電力需求較大的大型工廠跟商業大樓來說，引進蓄電池可以抑制尖峰電力的消耗量，降低與電力公司簽定的用電量，節省用電成本。

反過來看看，若是在沒有蓄電池的狀況下讓太陽光電系統普及，會出現什麼樣的問題呢？ 要是有大量的太陽能電池模板連接到配電線上，一到電力需求較小的假日，要是晴天的話太陽光電系統的逆潮流供電電力就會增加，讓配電線的電壓上升，造成無法進行賣電的狀況。另外，若是輸電線遇到打雷等現象，會導致配電線的電壓瞬間下降，此時太陽光電系統的電力調節器會讓連接到配電線的太陽能電池全數解列（解除連結），造成電力供需瓦解，成為系統穩的障礙。

另一方面就家計的觀點來考量，若是利用太陽光電系統買取制度，賣電價格（2011年起42日元/kWh）將高過買電價格（20日元/kWh），與其讓太陽光電系統的電力儲蓄到蓄電池，不如賣給電力公司較為有利。今後的賣電價格雖然會隨著太陽光電系統的普及而降低，但估計電價也會出現上漲的傾向，因此還是可以維長期性的利益。

●同時設置太陽光電系統與蓄電池，在災害跟停電時也能得到電力。
●設置太陽光電系統與蓄電池可以讓電力系統的供需平均化。

圖1 太陽光電系統的輸出變化

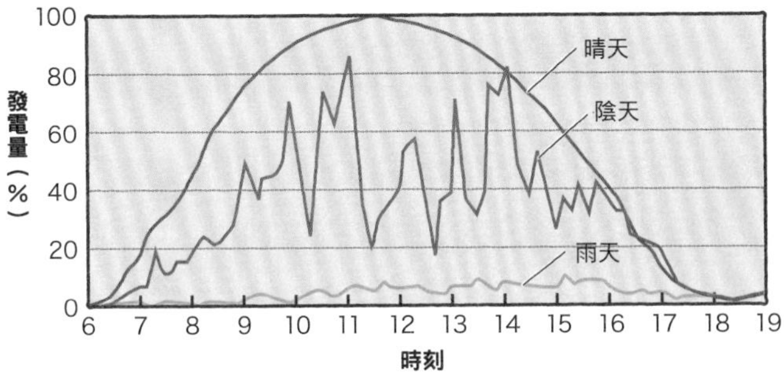

如同（003）所提到的，太陽光電系統的發電量會隨著天氣變化。晴天時的發電量會增加。

圖2 1天下來的發電量與耗電量

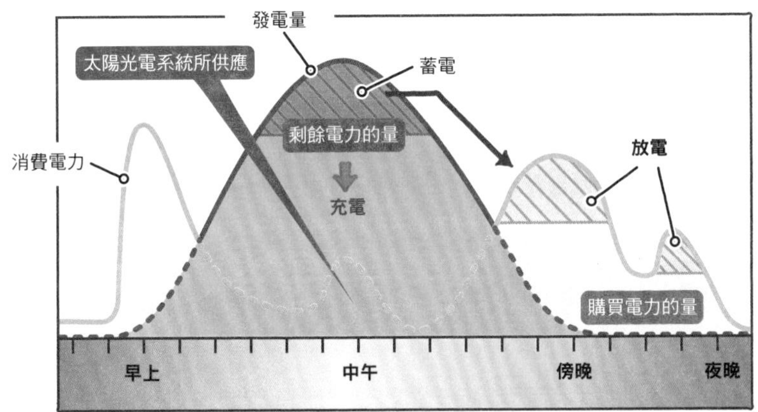

在太陽光電系統發電量較多的晴天，一般家庭耗電量較少可以進行賣電。另外也可將剩餘電力儲蓄到蓄電池，在夜晚或早上使用（放電）。蓄電池另外還有在停電時提供電力的好處存在。

087 從智慧型住宅發展到智慧電網

日本電力中央研究所的名譽顧問濱松照秀先生，將大量的家庭整合成一個群體來測量電力需求的模式，結果發現跟單一家庭相比，得到了較為平坦化的測量結果。也就是說，4名成員的家庭必須確保的最高電力（尖峰負荷）大約是4kW，若是用400戶來進行觀測，則每一戶平均的最高電力容量則會降低到1.5kW。這是因為每戶家庭消耗電力的模式不同，大量觀測的話可以產生聚合效果，讓電力負荷的變化緩和下來。這種聚合效果在太陽光電系統與風力發電的輸出變化也會成立，比方說由大量的風力發電所構成的風力發電廠，發電量的變化幅度會比單一的風力發電機要來得緩和。

根據上述考察，與其由各個家庭裝設蓄電池來調整需求，不如以逆潮流供電為前提，將大規模的電力網路連接到大型蓄電池等大容量的電力儲蓄設施，動用的社會成本較低也比較符合效率。這點當然是從以前就了解到的事實，因此電力業者才會建設抽水發電廠，在電力系統之中進行運用，但在智慧電網的場合，電力系統之中同時設有情報通訊手段，因此基本性的差異在於可以透過需量反應，請需求戶一方協助調整電力供需。

日本在2008年所引進的太陽光發電系統跟風力發電的設備容量，分別達到214萬kW、185萬kW，而根據政府所發表的計劃，還將在2030年之前將太陽光電系統增加到5300萬kW、風力發電在2050年以前增加到5000萬kW。要將這些發電量容納到電細系統之中，絕對不以沒有智慧化的電力系統（Grid）。

- 將大量的家庭整合使電力負荷平均化，可以讓變化幅度緩和下來。
- 要大量引進太陽光電系統跟風力發電，必須要有智慧化的電力系統。

圖1 家庭電力負荷的一例

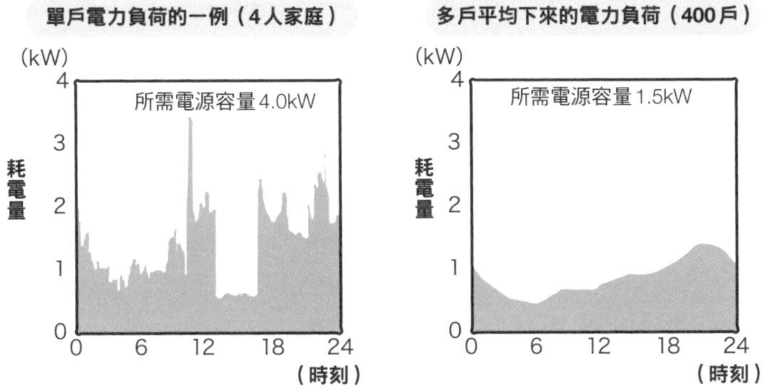

單戶電力負荷的一例（4人家庭）

(kW)
所需電源容量4.0kW
耗電量
0 6 12 18 24
（時刻）

多戶平均下來的電力負荷（400戶）

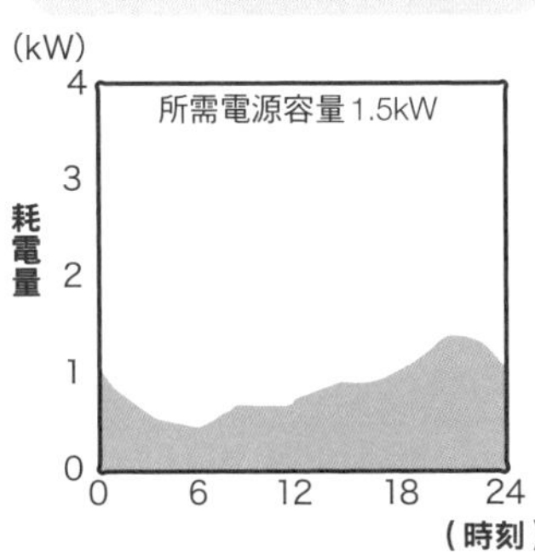

0 6 12 18 24
（時刻）

資料顯示1戶家庭（4名成員）的最大耗電量為4kW，若是以400戶來平均的話則會降低到1.5kW。

圖2 智慧電網的概念圖

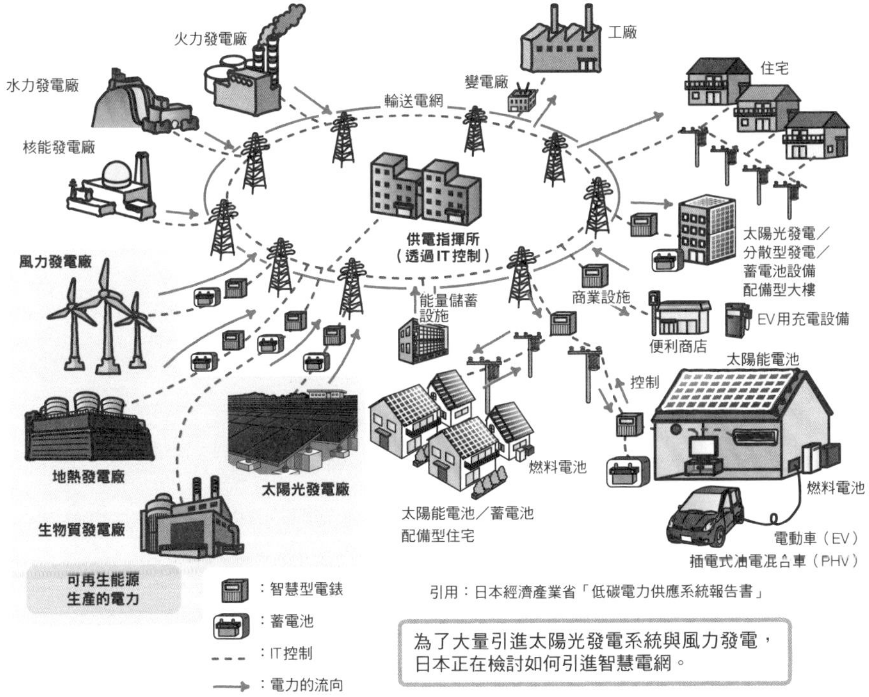

火力發電廠
水力發電廠
核能發電廠
工廠
變電廠
輸送電網
住宅
供電指揮所（透過IT控制）
太陽光發電／分散型發電／蓄電池設備配備型大樓
風力發電廠
能量儲蓄設施
商業設施
EV用充電設備
便利商店
太陽能電池
控制
地熱發電廠
太陽光發電廠
燃料電池
太陽能電池／蓄電池配備型住宅
燃料電池
電動車（EV）
插電式油電混合車（PHV）
生物質發電廠

可再生能源生產的電力

：智慧型電錶
：蓄電池
：IT控制
：電力的流向

引用：日本經濟產業省「低碳電力供應系統報告書」

為了大量引進太陽光發電系統與風力發電，日本正在檢討如何引進智慧電網。

COLUMN

傾向於發展智慧電網的日本電力狀況

經歷過東日本大震災之後，日本因為核電廠的停止使供電陷入緊迫的狀況，過去習以為常的「隨心所欲使用電力」的生活方式無法再持續下去，政府跟電力公司發出聲明請民眾省電節能。另一方面由政府所推動的長期性核電廠興建計劃理所當然的遭到中止，就連現存的核電廠也在反對聲浪之下難以再運作下去，進而轉換到以全球暖化對策為主的觀點，大量引進可再生能源。但是太陽光跟風力所生產的電力會因為天候出現大幅度的變化，基於電力同時等量原則，要配合需求來調整供電狀況非常的困難。因此出現將電力系統（Grid）智慧（Smart）化的必要性，成為推動智慧電網的主要原因。

智慧電網是一種概念，沒有明確的定義存在，一般的說明為「將智慧電錶跟情報通訊網路組合到電力系統內，由電力管制所跟家庭、大樓等末端用戶交換電力供需的情報」，因此也被稱為“能量的情報化”或是“能源領域的網路”。而智慧型電錶則被解釋成「具有雙向（電力管制所與需求戶）通訊機能與電力消耗設備管制機能的高性能數位電錶」。也就是說智慧電網的特徵是可以掌握電力需求的動向，並讓電力公司間接或直接性的控制需求戶的耗電狀況。

為了滿足省電節能的要求，同時也以降低CO_2排放量跟電費、瓦斯費為目的，日本在住宅跟大樓等電力需求一方開始出現智慧化的潮流。實際採用的手法是引進太陽光電系統與蓄電池、電動車等電力儲蓄設備，並在家庭控制器上將這些設備的情報與冰箱、冷氣等家電用品的消耗電力一起“可視化”，這些資訊同時也會透過智慧型電錶來傳送給網路上的伺服器，跟天氣預報、供電狀況等電力系統的情報一起呈現給各個家庭。

參考文獻

太陽光電系統相關書籍

『太陽電池』	濱川圭弘 著（コロナ社、2004年）
『「太陽電池」のキホン』	佐藤勝昭 著（ソフトバンク クリエイティブ、2011年）
『知っておきたい太陽電池の基礎知識』	齋藤勝裕 著（ソフトバンク クリエイティブ、2010年）
『トコトンやさしい太陽電池の本』	産業技術総合研究所 太陽光発電研究センター 著（日刊工業新聞社、2007年）
『史上最強カラー図解　プロが教える太陽電池のすべてがわかる本』	太和田善久 著（ナツメ社、2011年）
『図解ですっきりラクラクわかる！太陽電池のしくみ』	京極一樹 著（アスキー・メディアワークス、2011年）
「これからのエネルギーはどうあるべきか」	本間琢也 著（環境技術学会誌、Vol.40,No.9、2010）
雑誌「OHM」2010年6月号	（オーム社、2010年）

風力發電相關書籍

『トコトンやさしい風力発電の本』	牛山 泉 著（日刊工業新聞社、2010年）
『NEDO再生可能エネルギー技術白書』	新エネルギー・産業技術総合開発機構 編（エネルギーフォーラム、2010年）
『風力エネルギー読本』	牛山 泉 編（オーム社、2005年）
「風力発電の賦存量とポテンシャルおよびこれに基づく長期導入ロードマップの算定」	日本風力発電協会（日本風力発電協会、2010年）
「平成21年度再生可能エネルギー導入ポテンシャル調査」	（環境省、2010年）
「Technology Road map Wind Energy」	（IEA、2009年）
「長期エネルギー需給見通し」	（経済産業省、2009年）
「Louis. Caulomb & Karsten. Neuhoff, Learning Curves and Changing Product Attributes」	CWPE 0618 and EPRG 0601（Univ. of Cambridge、2006年）
「ESCJのご紹介と再生可能エネルギーを含めた系統利用について」	第33回風力エネルギー利用シンポジウム（電力系統利用協議会事務局、2010年）
「電力中央研究所研究報告」	本藤 ほか、Y9909, 49,（2000年）
「M.Junginger,et al, Cost Reduction Prospects for Offshore Wind Farms, Wind Engineering」	Vol.28, No.1, 2004
「風力発電の歴史・その12」	牛山 泉、太陽エネルギー、Vol.56, No.6, -2011

熱電發電相關書籍

『NEDO再生可能エネルギー技術白書』	新エネルギー産業技術総合開発機構 編（エネルギーフォーラム、2010年）
『エネルギー工学入門』	梶川武信 著（裳華房、2006年）
『熱電変換』	坂田 亮 編（裳華房、2005年）
『新版 熱電変換システム技術総覧』	梶川武信、佐野精二郎、守本 純 ほか著（リアライズ理工センター、2004年）
『熱電変換技術ハンドブック』	梶川武信 監修（エヌ・ティーエス、2008年）
『熱電学総論』	梶川武信 監修・著（サイエンス＆テクノロジー社、2009年）
『高効率熱電変換素子開発先導研究』	新エネルギー・産業技術総合開発機構（NEDO、2002年）
『熱電変換技術の基礎と応用』	日本熱電学会 編纂（シーエムシー出版、2011年）
雑誌「OHM」2011年2月号	（オーム社、2011年）

生物質相關書籍

『これ1冊でわかる「バイオマス」』	本間琢也 著（オーム社、2010年）
『図解 バイオリファイナリー最前線』	地球環境産業技術研究機構 編（工業調査会、2008年）
『バイオエネルギー最前線』	横山伸也 著（森北出版、2001年）
『バイオマス技術ハンドブック』	新エネルギー財団 編（オーム社、2008年）
『バイオマス－生物資源と環境－』	木谷 収 著（コロナ社、2004年）
『バイオマス用語事典』	日本エネルギー学会 編（オーム社、2006年）
『バイオリファイナリー構築へ向けて』	湯川英明（RITE WORLD、2003年）
『図解バイオディーゼル最前線』	松村正利 編（工業調査会、2006年）
日本経済新聞電子版	2010年6月25日（日本経済新聞社）

智慧電網相關書籍

『図解入門 よくわかる最新スマートグリッドの基本と仕組み』	山藤 泰 著（秀和システム、2010年）
『環境技術学会誌』	本間琢也（Vol.39、No.10、2009年、Vol.39、No.12、2009年、Vol.40、No.6）

相關網站

日本經濟產業省	http://www.meti.go.jp/
環境省	http://www.env.go.jp/
資源能源局	http://www.enecho.meti.go.jp/
新能源、產業技術總合開發機構（NEDO）	http://www.nedo.go.jp/
日本電機工業會	http://www.jema-net.or.jp/
新能源財團	http://www.nef.or.jp/
太陽光電協會（JPEA）	http://www.jpea.gr.jp/
關西電力股份有限公司	http://www.kepco.co.jp/
日本有機資源協會（JORA）	http://www.jora.jp/
森林總合研究所（FFPRI）	http://www.ffpri.affrc.go.jp/
科學技術政策研究所（NISTEP）	http://www.nistep.go.jp/index-j.html

索引

數・英

二畫

三畫

四畫

五畫

六畫

七畫

八畫

九畫

十畫

十一畫

十二畫

本間琢也

出生於大阪府。

於1957年修完日本京都大學研究院工學研究科碩士課程。

進入經濟產業省電子技術綜合研究所之後，從事能源工學相關的研究。

日本筑波大學名譽教授，1993年成為新能源、產業技術綜合開發機構（NEDO）的理事。

有『燃料電池』等多本著作。

牛山 泉

1942年出生於長野市。

1971年修完日本上智大學研究院理工學研究科博士課程，任職於日本足利工業大學。

2008年開始擔任校長。專攻能量的轉換，致力於風力發電等研究。

有『風車工学入門』（森北出版）、『風と風車のはなし』(成山堂書店)、『エネルギー工学』（オーム社）等許多著作。

梶川武信

出生於東京。

1966年修完日本名古屋大學研究所工學研究科碩士課程。

於經濟產業省電子技術綜合研究所〔現在的（行政法人）產業技術綜合研究所〕工作26年、於日本湘南工科大學進行熱電發電等新型發電技術的研究16年。

日本湘南工科大學名譽教授、工學博士、日本熱電學會會長。

有『エネルギー工学入門』(裳華房)、『熱電学総論』(サイエンス&テクノロジー社)等著作。

TITLE

用再生能源 打造非核家園

STAFF

出版	瑞昇文化事業股份有限公司
作者	本間琢也　牛山 泉　梶川武信
譯者	高詹燦　黃正由
總編輯	郭湘齡
責任編輯	王瓊苹
文字編輯	林修敏　黃雅琳
美術編輯	李宜靜
排版	執筆者設計工作室
製版	大亞彩色印刷製版股份有限公司
印刷	桂林彩色印刷股份有限公司
法律顧問	經兆國際法律事務所　黃沛聲律師
戶名	瑞昇文化事業股份有限公司
劃撥帳號	19598343
地址	新北市中和區景平路464巷2弄1-4號
電話	(02)2945-3191
傳真	(02)2945-3190
網址	www.rising-books.com.tw
Mail	resing@ms34.hinet.net
初版日期	2013年5月
定價	300元

國家圖書館出版品預行編目資料

用再生能源打造非核家園／本間琢也，牛山泉，梶川武信作；高詹燦，黃正由譯. -- 初版. -- 新北市：瑞昇文化，2013.04
200面；14.8x21公分

ISBN 978-986-5957-61-2 (平裝)

1. 再生能源　2. 能源技術

554.68　102006868